라스베가스 정복기

라스베가스 정복기

초판발행일 | 2021년 4월 30일

지은이 | 빅토르 강
그림 | 에일린 최
펴낸곳 | 도서출판 황금알
펴낸이 | 金永馥

주간 | 김영탁
편집실장 | 조경숙
인쇄제작 | 칼라박스
주소 | 03088 서울시 종로구 이화장2길 29-3, 104호(동숭동)
전화 | 02) 2275-9171
팩스 | 02) 2275-9172
이메일 | tibet21@hanmail.net
홈페이지 | http://goldegg21.com
출판등록 | 2003년 03월 26일 (제300-2003-230호)

ⓒ2021 빅토르 강 & Gold Egg Publishing Company. Printed in Korea

값은 뒤표지에 있습니다.

ISBN 979-11-89205-92-8-93320

라스베가스 정복기

글・빅토르 강

그림・에일린 최

황금알

차례

1. 라스베가스 정복 또는 탈출

한국에 살면서 이런저런 이유로 라스베가스를 방문하여 카지노를 들리는 사람들이 이곳에 대해 미리 알면, 피해를 덜 입을 거라는 생각에 이 글을 쓰고 책을 내게 되었다. 한편, 또 다른 장소의 카지노를 출입하며, 룰렛이나 바카라의 경험이 있는 사람에게도 도움이 되었으면 한다.

게임, 그것은 경우와 수가 약간씩 다르며 사소한 변수로도 결과가 달라지니까 절대적은 아니지만, 상당한 참고가 될 거라는 확신이, 내 생각을 이끌었다. 이 책을 보는 사람들에게 궁극적으로는, 오히려 나 자신에게도 간절하게 기도하는 메시지는 카지노를 탈출하라는 것이다. 정복을

일시적으로 하였다 하더라도 그곳을 벗어나 귀환하지 못한다면, 성공한 것이 아니기 때문이다.

나는 라스베가스에 살고 있는 사람보다 미국의 그 도시를 나는 잘 알지 못한다. 수십 년 혹은 평생 카지노에서 겜블링을 한 사람(대부분 처지가 좋지는 않을 것이다.)만큼, 도박에 대해서 많이 알지 못할 수도 있을 터이다. 25년 전에 처음 가본 후 라스베가스를 수없이 방문했고, 2019년 초에 한 달이나 머물렀다. 더욱이 코로나19 때문에 라스베가스가 셧다운 한 후에 비즈니스로 미국에 갔다가, 목적지 플로리다가 위험하여 리 오픈한 라스베가스에 두 달 이상 머무르게 되었다. 라스베가스에 잠깐 아닌, 오래 머무는 것은 매우 위험하다는 것을 생생하게 깨달았다. 그만큼 그곳에 젖어 생생한 글을 쓰게 되었다.

외국인의 입장에서 라스베가스를 보며, 또 카지노 바카라게임에 관하여 이미 책을 낸 이력이 있는 사람으로서, 그러나 탈출해야 한다는 신념의(어쩌면 여러분들과 비슷한) 한사람으로 이 책을 쓴다.

하여 책의 제목을 라스베가스 정복기라고 하였지만, 라스베가스 견문기 또는 라스베가스 탈출기라고 하여도 될 것이다.

****

90년대에 회사일로 LA에 출장을 갔을 때 기본 코스나 되는 듯이 라스베가스를 방문하였다. 자동차를 타고 가도 가도 사막 길, 다섯 시간 더 걸려 도착한 도시는 당시에도 휘황찬란하였다. 수천 객실의 엠지엠호텔의 스테이크는 값이 싼 것에 비해 컸다.

로비 옆 가득하게 일 층의 넓은 카지노에서 게임을 경험해보기도 하고 트레이져호텔의 쇼를 보았다. 벌거벗은 여자들이 춤추는 곳까지 안내한 사람이 데려가서 함께 구경하며 망측한 마음에 부끄러웠다. 그 후 전시회다(필자도 운영에 참가했던 골프장 관계 등), 학회며 이런저런 이유로 이 도시에 방문하며 카지노에만 간 것은 아니다.

Marshalls in Las Vegas. pen&watercolor on paper. 190x125mm

미국 서부의 다른 큰 도시보다 오히려 집중해있는 훌륭한 레스토랑에도 가보고 자동차를 직접 운전하며 관광지를 방문하기도 했다. 그러나 이 도시에서는 성인이라면 누구나 쉽게 카지노를 접하게 된다. 호텔마다 로비보다 카지노로 연결되는 통로가 더욱 넓고, 심지어 관문인 매캐런 국제공항의 여러 개 터미널, 탑승 대기실마다 슬롯머신 기계들이 자리 잡고 있다.

이 도시 여러 곳 호텔의 카지노에서 종종 한국인들을 목격하였다.

내가 구경하는 그들은 미국에 거주하는 사람들 말고도 한국에서 여행 온 사람들도 많았다.

신혼여행 온 부부가 있었다. 신부는 아름다웠고 신랑은 젊고 늠름하였다. 베네시안호텔의 바카라 살롱, 그 두 사람이 내 옆에 앉았다.

남자는 홍콩에 출장 갔을 때 마카오에 동료들과 같이 가서 바카라를 처음 접한 뒤에 몇 번 해보았다며 자신감에

차 있는 듯하였다. 여행사 가이드가 이곳을 소개한 듯하였다. 이곳에는 한국인 여자 딜러들도 몇 명 있다.

신부는 대략 삼십 분이 지나서부터 남편에게 가자고 조르는 것 같았으나 약간 밑진 남자는 막무가내였다. 신부는 먼저 방으로 가버리고 남편은 타이등의 사이드 베팅까지 크게 하고 주머니에서 8,000불을 더 꺼내어 칩으로 바꾸는 것이었다.

결국, 두 시간도 못 채우고 오링하는 것을 목격하게 되었다. 급기야 ATM에까지 다녀오며 또다시 게임을 계속하였지만, 결과는 뻔하였다. 남의 일이지만 정말 가슴이 아팠다. 외화 낭비, 신혼여행의 첫발자국이 저렇게 되다니, 돈도 돈이지만 얼마나 속이 쓰릴 것인가.

그런 것을 보고 나는 다시 펜을 잡게 되었다.

실제로 이 책은 2019년 12월에 출간된 『바카라 완전정복』(황금알)'에 라스베가스 부분을 대폭 첨가하여 살을 붙였으며, 그 책의 속편이라기보다 개정판이라고 해야 할 것이다.

****

이곳 엑스칼리버호텔에서 뉴욕뉴욕으로 건너는 육교길.
흑인 몇 명이 행인들을 유혹하고 있었다.
세 개의 조그만 컵을 이리저리 움직이며, 그 속에 알맹
이가 있는 컵을 제대로 지적하면 건 돈의 두 배를 주는 것
이다. 나에게도 그냥 해보라고 젊고 날씬한 흑인이 명랑한
표정으로 권한다.

오래전 서울 동대문운동장 주변에서 사기 컵 세 개로 하
던 한국의 야바위꾼들과 다를 바 없었다. 쉽게 비유를 해
보면 카지노도 그 흑인들과 마찬가지이다. 멋모르고 덤벼
든 촌놈은 주머니를 털리는 것이다.

카지노는 어마어마한 투자로 화려한 시설을 제공하지
만, 즐겁게 게임을 하며 잘해서 돈을 따가시오 하는 곳은

아니다. 손님이 가지고 온 돈을 쓰고(날리고) 가는 곳을 진심으로 원하는 곳이다.

현금을 칩으로 바꿔주며 멤버카드(플레이어 신분을 확인한 뒤 제공한 일종의 ID카드)를 체크하면서 '굿 럭'이라고 인사하는 그곳의 직원은 '잘해서 따가세요'하는 것 같지만, 그것이 아니다. 게임이 끝난 뒤 케셔에서 칩을 현금으로 바꿔줄 때는 게임을 어느 테이블에서 했느냐 뻔히 일면서 묻는다. 그리고 다시 그 테이블로 전화하고 또 다른 곳에도 전화하여 캐시아웃(Cash Out)하는 것을 보고한다.

생각하기 따라서는 성가신 일이고 때로는 여권 등의 신분증을 요구하는데, 손님이 돈을 보전하여 가는 것을 안 좋아하는 것같이 보이는 것이다.

라스베가스를 접근하는 방법에 따라서 그곳의 인상이 약간 달라질 수 있다.

차를 타고 캘리포니아에서 간다면, 지루한 사막 길을 달리다가 다가오는 도시의 건물들과 나무들로 그곳이 오아

시스처럼 다가올 것이다.

비행기를 타고 직접 갈 때는 하늘에서 내려다보면, 바둑판처럼 직선으로 나 있는 도로와 빌딩들은 인공적으로 건설된 도시임을 느끼게 된다. 인공도시 라스베가스.

비행기가 공항에 착륙하면 지척에 보이는 빌딩들은 생각보다 거대하게 다가온다.

이곳 입국절차는 다른 곳보다는 간단한 편이라고 생각된다. 그전에 텍사스 달라스공항에서 꼬치꼬치 물었던 것에 비해 시간이 덜 걸린다. 이 도시에 오는 외국인들의 목적이 대부분 관광이며, 그 수입이 이곳 네바다주의 살림에 많은 보탬을 주기 때문이다. 공항의 출입국 공무원들도 속으로는 우리들에게 '어서 오세요' 하고 있을 것이다.

미국의 다른 도시에서 오는 국내선은 매캐런공항의 1터미널에 내리는 반면, 대한항공을 비롯한 국제선은 대부분 3터미널을 이용하게 된다. 택시는 그곳 제로레벨의 바깥쪽에서 쉽게 탈 수 있는데, 스트립의 중간 정도를 기준하면 비용은 20불 정도이다.

전 세계 택시들의 공통점은 요금을 더 받고 싶어 하는 것이다. 이곳 미국에도 악질적인 택시기사들도 있어서 프리웨이 등을 돌아서 가거나 팁을 과다하게 요구하는 때도 있다.

흑인들이 더 그런 듯한 느낌이지만, 쓸데없이 말을 걸며 현지인인지 아닌지 영어를 제대로 하는지, 그러는 것 같은 것은 주로 혼자 여행하는 나의 경계의식 탓만은 아니다. 그들이라고 다 영어 잘하는 것은 아니다. 전부 현지 미국 출신들도 아니고 중남미 심지어는 러시아나 동유럽 출신들도 많다.

호텔에서 다른 곳으로 갈 때도 택시라인을 이용하여야 한다. 벨보이가 보통은 행선지도 물어보며 택시를 부르고 문도 열어주는데, 그런 경우 1달러를 팁으로 주는 게 상식적이다.

기사에게도 요금의 10~15%를 얹어주는 것이 보통이며,

잔돈들을 주머니에 넣고 다니는 건 필수 사항이다.

택시를 타니 크지 않은 체구에 깡마른 흑인기사가 아유 코리안하며 (내가 조용히 있어도 어떻게 아는지) 말을 거는데, 할아버지가 한국전쟁에 참전했다는 이티오피아인.

내 입에서는 땡큐 올모스트 코리안 유어 컨트리 어시스트 어쩌구 말이 나오게 마련이다.

또한, 사실 여부를 떠나 그에게 미터기의 금액보다 후하게 주게 되는데 세 번이나 당한 일이다.

라스베거스는 밤에도 사람과 차들이 낮처럼 많아(카지노가 24시간 영업하는 탓일 것이다.) 덜 위험할지 모르나, 심야에 혼자 택시를 타는 것은 부담되는 일이다. 모든 상황에서 우리에게 우선되는 것은 세큐리티 그것이다.

앱을 내려받아 활용하거나 그곳의 직원들에게 부탁하여 우버택시를 이용하는 것이 더욱 안전할 것이다.

라스베가스 기후는 어떨까.

여름에는 덥지만, 사막이라 하더라도 겨울에는 춥기까지 하다.

먼 곳에 보이는 산에는 하얀 눈이 쌓여있고, 바람이라도 불면 바깥을 거닐 때는 두꺼운 옷이 필요하다.

라스베가스가 자정인 심야인데 한국은 오후 네 시이다. 그런 시차 때문에 잠을 설치기 마련이지만, 그것보다도 내가 스스로 터득하기까지 겨울에도 고생한 것은 건조한 날씨 탓이다. 몸이 가렵고 안구가 건조하여 빨갛게 충혈되는 것이었다. 바디로션은 호텔에도 비치되어있지만 비젼 (vision) 등의 안약과 필요한 것들은 월그린(Wall green)이나 CVS에서 진작부터 사서 사용하는 것이 좋다(플래닛 허리우드 근처에 그런 가게들이 많이 있다).

비타민정을 먹으라고 충고하는 사람들도 있었다.

좋은 컨디션을 유지하기 위해 스스로 유의하는 것이 필요할 것이다. 곁들여서 수시로 물을 마시는 것은 (나는 카지노에서 주는 피지 생수를 주로 마신다) 여러 가지 이유로 좋은 일이다.

가능하면 나는 단정한 용모를 유지하려고 애썼는데, 게임을 하러 갈 때는 꼭 자켓을 걸치고 갔다. 자켓은 카지노에서 졸거나 잠기운을 느끼지 않게 약간 선선한 기온을 유지하므로 유용할뿐더러, 현금과 칩 기타 휴대품을 위해서도 포켓이 많은 것은 좋다. 아울러 외국인들이 내가 한국인임을 아니까, 더욱 깔끔한 용모가 필요하다고 생각했기 때문이다.

****

라스베가스는 바둑판처럼 뻗은 도로에 펼쳐진 넓은 주택가를 제외하고, 주로 스트립(Strip)과 다운타운(Downtown)으로 형성된 곳이다.

다운타운에 사는 사람은 스트립에 잘 안 오고 스트립에서 노는 사람들은 다운타운에 잘 안 가지만, 관광객들은 다운타운에도 가보게 마련이다.

다운타운은 스트립에서 3Km 정도 떨어져 있다.

라스베가스 스트립

전시회나 비즈니스가 이루어지는 고급호텔들 그리고 대규모 카지노와 고급식당과 쇼핑 가게들은 스트립에 있다.

스트립은 '스트립쇼'에서 사용되는 단어인 경우 '벌거벗은' 이란 뜻도 있지만, 길고 가는 끈 같은 것을 뜻하기도 하는데(미국 국기를 Stars & Stipes 라고 할 때처럼), 거리가 가늘고 길어서 붙여진 이름이다.

스트립은 길이가 6.7Km나 되고 건물들이 커서 가까워 보이지만, 끝에서 반대편까지 걸어서 간다면 보통 한 시간 반이나 걸린다(광화문에서 동대문까지가 약 4km).

스트립은 곧 라스베가스의 중심을 남북으로 관통하는 라스베가스블루버드(Las vegas Blvd)를 말하는데, 세 부분으로 나눌 수 있다.

먼저 포 코너(Four Corners)라고 불리는 곳은 라스베가스 블루버드와 플라밍고 로드(Flamingo R.)가 교차하는 곳으로, 하몬 에비뉴(Harmon Ave.)까지의 2.7Km 구간이다. 라스베가스 최대 인파가 운집하는 장소로서 시저스

스트립 포 코너(Four Corners)

팔레스, 밸리스, 패리스, 벨라지오, 플래닛 할리우드 등이
있는 곳이다.

다음 뉴 포 코너(New Four Corners)라 불리는 곳으로,
트로피카나 에비뉴(Tropicana Ave.)와 라스베가스블루버
드가 만나는 지점으로 뉴욕뉴욕, 트로피카나, 엠지엠 그랜
드 등이 자리 잡고 있다.

스트립 뉴 포 코너(New Four Corners)

스트립 노스 스트립(North strip)

세 번째로 노스 스트립(North strip)이라 불리는 곳으로 스트라토스피어 타워(Stratosphere Tower 성층권이란 뜻, 높이 350m)에서 디저트 인 로드(Desert Inn Rd.)까지의 지역으로 상대적으로 사람들이 덜 다니는 곳이다.

다운타운은 최초 라스베가스가 생겼을 때의 거리로서, 1905년 철도역(다운타운 플라자호텔 서쪽)이 건설되고 도시 초기에 활성화되었던 곳이다.

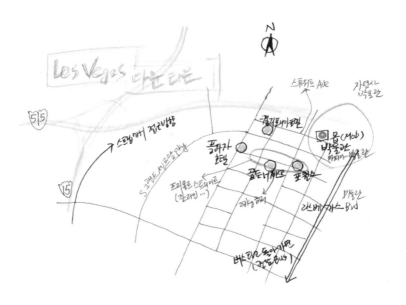

다운타운에는 행정기관과 장거리버스 정류장, 노선버스 정거장등이 있다. 심지어 24시간 영업하는 혼인허가관청도 이곳에 있다.

이곳에는 맨 처음 생긴 호텔들 골든게이트(Golden Gate, 1906년 창업), 골든너겟(Golden Nugget, 호텔에 28kg의 금괴를 전시함) 등이 있지만, 카지노를 하러 이곳에 외국인들은 많이 가지 않는다.

많은 호텔과 카지노가 있는 스트립에서 택시로 가면, 편도 30불 정도 비용이 든다. 다운타운의 카지노들은 규모가 작고 편의 시설이 낙후하기 때문이다. 나중에 생긴 스트립이 번잡한 것은 마카오 시내의 그전 반도의 카지노보다 코타이가 번성한 것과 비슷한 이유일 것이다.

1995년경 프리몬트 스트리이트 엔스피리언스(Fremont Street Experience)가 생긴 후 관광객들이 급증했다. 그 거리의 휘황찬란한 전구 1200만 개로 밝혀진 450미터 거리 마켓이 장관이다.

집 라인(Zip Line)을 탈 수 있고 박물관들도 몇 개 있지만, 안전하다고 여겨지는 스트립과는 다르다. 야간에는 컴컴한 곳을 비롯하여 치안이 안 좋은 골목들도 있음을 유의해야 한다.

****

이곳에서 가볼 만 한곳으로 가장 먼저 대협곡을 언급하여본다.

누구나 라스베가스에 가면 그랜드캐니언을 가보는 것은 좋을 것이다.

설령 라스베가스의 뛰어난 호텔시설과 맛있는 음식 그리고 볼거리가 많다 하더라도 인공적인 것들을 거대한 자연에 비교할 수 없을 것이다.

스트립을 걷노라니 이를테면 '헬리콥터 그랜드캐니언관광 334불'하는 전단지를 금발미인이 주기도 한다. 전단지의 안내센터를 보면 그곳에 단체로 가는 버스투어도 엄청

Grand Canyon. watercolor on paper. 297x210mm

쌓여있다. 일박이일 이상이 적당한 관광일 수도 있으나 그곳의 숙박 장소 또한 분위기 있다. 거리에서 보이는 렌트카광고 중에 '람보르기니'도 있지만, 그런 건 24시간 기준 1,000불에 육박한다.

한국에서 미리 '헤르츠 렌트카' 같은 것을 사전에 예약하면, 하루에 몇십 불이면 미국에서 하는 것보다 오히려 싸다.

여권과 국제면허증(미리 준비했다면)만 있으면 렌터카 여행도 시도해볼 만하다.

미국의 도로는 그야말로 넓고 시원하므로 스케줄이 자유로워지면 맘껏 달릴 수 있다. 렌터카를 인수할 때 흠집이 있는지, 자동차의 네 면을 핸드폰으로 촬영하는 것은 국내에서와 마찬가지이다. 우리 영어가 서투를수록 시빗거리는 줄여야 하는 법이다.

그랜드캐니언까지는 거의 300마일(480여 킬로미터)이나 된다.

중간에 주유소(화장실과 음료 벤딩머신이 있는)들이 있
지만, 저녁 일찍 영업을 마치는 것을 고려하여 기회 있을
때마다 자동차 기름을 채워 넣으면 안심이 된다.

겪었거나 들은 것 중 주의사항들이 있다.
가드레일 없는 곳에는 동물들이 튀어나올 수 있음을 예
상해야 한다.
여행 중에 다람쥐같이 작은 동물이라도 로드킬은 유쾌
한 일이 아니다.
정차 문제인데 사진이라도 찍으려고 경사진 곳 가장자

리 등에 세워놓으면, 큰 트럭이 지나갈 때 휘청휘청 영향을 받는 것을 감안해야한다.

아울러 안 타본 차종인 경우에는 라이트나 와이퍼 기타 쿠르즈 기능 등 차 구조나 기능을 익히는 게 좋다. 안이하면 꼭 급한 순간에 당황해진다.

미리 주행계획을 지도나 핸드폰을 통해 사전에 검색하고, 계획된 생각으로 예행연습해보면 혼란을 피하면서 효과적이다.

그리고 주차 시에(설령 시내의 사람이 많이 다니는 주차장이라 하더라도) 차를 확실히 잠그고 물건을 두면 안 된다.

길이 직선이고 시야가 뚫렸다 하더라도 과속은 조심해야 한다는 건 절대적인 명제이다. 오래전 플로리다에서 비치다이빙 하다가 자동차에 놓아둔 카메라 때문에 차창유리까지 깨져있어, 당황하고 분했던 기억이 있다. 내 친구는 과속 때문에 과태료로 끝났지만, 수갑을 차고 구치소까지 간 적이 있는 것이다.

혹시라도 경찰이 접촉해 올 때는 당황하지 말고 운전석에 앉아서 기다려야 한다.

차에서 내리거나 우물쭈물 행동을 하면 그들은 총을 겨눌 것이기 때문이다. 이런저런 부담은 있지만 스스로 운전해서 돌아다니는 것은, 작은 성취감을 맛보는 것은 물론 장점이 있기 마련이다. 미국은 제주도나 강원도에서 골프장이나 산에 가는 것처럼 자동차의 나라이기 때문이다.

****

라스베가스에서 그랜드캐니언을 향하여 운전해 본다면(예를 들어 엠지엠 그랜드에서 출발한다면), 트로피카나 Ave.로 나가서 15번도로를 거친다. 이 도로의 북쪽으로 진입하여 가다가 보면 US- 93,95 와 교차로가 나온다. South로 진입 오른쪽으로 95번이 가는 교차로에서도 93번으로 계속 직진한다.

후버댐 근처에서 미드호(콜로라도강)를 건너 70마일(1

마일은 1.6킬로미터)쯤 달리면 Kingman 마을. 거기서 40번East를 타서 120마일 줄기차게 운전하면 Williams. 거기에서 그랜드캐니언 표지판을 보며 북쪽으로 진행한다. 도중에 US-180이 보이면 삼림지대로 들어가게 된다.

모텔, 헬리포트 있는 마을 Tusayan에 도착하면 그곳이 국립공원 관문인 것이다. 하이웨이를 거쳐 그랜드캐니언으로 가는 루트이고 좀더 시간이 주어진다면, Kingman에서 지금은 역사 속으로 사라진 루트 66번을 거쳐보는 것도 흥미로운 일이다.

66번은 미국 서부개척의 황금시대 초지에 새겨진 마차 바퀴 자국이 1926년부터 시카고에서 로스엔젤레스를 연결해주던 수천킬로미터의 도로가 되었던 것이다. 존스타인벡에 의해 '마더로드'라고 불렸던 고불고불하지만 역사의 흔적이기 때문이다.

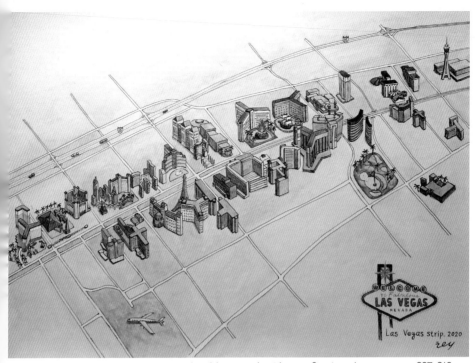

Las Vegas main strip, pen&watercolor on paper, 297x210mm

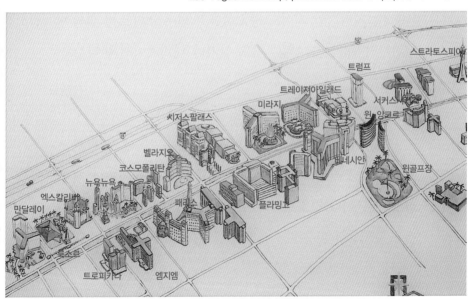

손으로 그린 지도들, 그리고 일러두기

1. 세계 오대양 육대주를 나름대로 여행해본 필자로서는 어느 곳에 방문하기 전에 그곳(국가 혹은 그 지방)의 역사에 관해서 책을 읽고 자료를 찾아보는 사전 작업을 한다.

그런 일이 여행을 뜻있게 해준다고 믿기 때문이다.

과거 나의 멘토 K회장님은 한 번도 안 가보셨지만, 시칠리에 대해서(시라쿠사라든지) 몇 번 가본 사람처럼 훤하셨는데, 그곳의 역사(그리스 로마시대부터)에 박학하셨기 때문이다.

또한, 지리적인 지식도 중요하다고 믿어 스마트폰 훨씬 이전부터 오리엔티어링, 지도 찾기나 내비게이션을 나는 좋아하였다.

2. 카지노 테이블에 처음 앉을 때부터 조명이나 실내 구조(일종의 풍수지리?) 등에 관심 있었기 때문에 지도나 개념도, 접근이나 장소의 기능도면 등에 마치 군인이 작전도면을 중시하듯 활용하는 습관이 있다.

3. 낯선 장소(예를 들어 지하 술집 같은 곳)에 가면 먼저 비상구나 화장실 등을 살폈듯이 게임장 혹은 호텔 등도 보통은 정찰(?)을 하는 편이다.

4. 특별한 미식가는 아니어서 특히 혼자서 여행할 때는 맛집 등을 선호한다기보다 샐러드, 도시락을 편의점에 사서 호텔방에서 혼자 먹는 것을 즐기는 편이다. 그러나 독자들을 위해 레스토랑 등도 관심을 가지고 살펴보았다.

5. 호텔의 구조는 개념도 수준이어서 축척이나 거리의 정확도는 떨어질 거로 생각한다. 그렇지만 나름대로 동서 남북을 어디서나 따지는 편인 내가 그린 것으로 활용하기에는 도움 되리라 판단된다.

6. 놀러 가든지 구경이나 게임을 하더라도 이런 것들을 파악하고 가면, 시간 낭비도 줄이고 이동시에 동선도 효율적이라 믿는다.

7. 내가 그린 지도가 오류가 있거나 각자가 별도 관심 있는 것들을 수정, 첨삭하며 사용하면 편할 것이다(자주 안 가본 호텔은 생략했으므로 그런 곳들은 쓱쓱 그려 보시길 바란다).

8. 내가 했거나 관찰한 최근의 바카라 출목표(Score board)를 첨부하였는데, 따로 언급하지 않는 경우에도 ●는 뱅커 ●는 플레이어 ●는 타이를 뜻한다. 타이는 대부분 생략했고 과거의 경향이 아님을 나타내기 위해 연월일을 표시하였다.

9. 카지노에 대해서 지속적으로 경계하라는 듯이 기술하였지만, 그곳을 폄훼하는 것은 아니다. 굴뚝 없는 공장으로 관광객을 유치하고(적당하게 하는 사람에게는 여가 선용의 장소) 많은 사람에게 일자리를 제공하며, 사회와 국가재정에 기여하는 기능도 있기 때문이다.

10. 카지노 게임과 관련한 나의 이론과 설명은 오랜 경

험에서 나온 것이지만, 완전한 것은 아니다. 또 나의 의도 (다른 사람도 피해를 덜 보는 것)와 달리 우습게 보이는 사 람은 그저 이런 의견도 있다고 생각해도 될 일이다.

2. 카지노 호텔

1) 플라밍고 호텔

스트립의 중간쯤에 플라밍고호텔이 있다. 건물도 낡았고 카지노를 포함하여 라스베가스로 치면 규모가 아주 큰 것은 아니지만, 이 도시의 역사를 얘기하려면 지나칠 수 없는 곳이다.

그 앞에 서 있는 플라밍고(홍학) 차림의 아가씨들이 행인들의 눈길을 끈다.

미국 서부의 지형을 보면 로키산맥과 시에라네바다산맥이 평행하여 남북으로 이어져 있다.

Flamingo Hotel in Las Vegas,
pen&watercolor on paper. 125x190mm

그사이 콜로라도고원도 있고 그 서북쪽에는 북미에서 가장 낮은 데스밸리(Death Valley)도 있다. 이른바 골드러시, 황금을 찾아서 꿈을 가진 사람들이 몰려들던 서부개발 시대에도 해발 4,000m의 시에라네바다산맥은 가파르기 짝이 없어 마차를 타고서도 바로 넘기에는 높았던 것이다.

차라리 저녁에 쉬고 아침에 출발해 산길을 넘는 게 좋았을 것이었다.

유타주를 거쳐 캘리포니아로 가는 여정의 중간에 있는 라스베가스가 그 위치에 해당되었다. 한국에서도 큰 고개를 앞둔 마을에 주막이 있고, 그곳에 있던 봉놋방에서 나그네들끼리 투전을 벌이기도 했던 것과 비슷한 이유일까.

라스베가스에는 1930년대에 이미 카지노가 생겼고 네바다주에서는 합법적인 것이 되었다. 그 시기 가까운 곳에서 벌어진 최대의 공사 후버댐 건설현장에는 수많은 노동자들이 몰려들었고, 그들의 주머니를 털기 위한 술집과 도박장은 성황을 이룬 것이다.

이 시대 미국을 엿볼 수 있는 것으로 우리가 봤음 직한, 두 편의 마피아 영화가 있다.

영화 〈대부〉(God Father)와 웨렌 버티(〈초원의 빛〉 주연)의 〈벅시〉(Bugsy)가 그것이다.

'벅시'는 실존했던 인물 벤자민 시걸을 그린 영화이다. 하도 더러운 악당이어서 버러지라는 뜻의 '벅시'라는 이름을 얻는 벤자민 시걸은, 이 시기에 현재의 라스베가스를 건설하는 초석을 놓았던 것이다.

1906년 뉴욕 브루클린에서 태어난 벅시는 우크라이나에서 이민 온 유대인 가정에서 자라났다. 불우한 환경에서 범죄의 세계로 빠져든 그는 유대인 랜스키와 이탈리아 마피아 루치아노의 밑에서 악명을 쌓아갔다. 그리고 서부 로스앤젤레스로 파견된다.

그리고 도박장 신디케이트, 사교계, 영화계까지 설치던 벅시는 버지니아 힐이라는 여자를 만나 사랑에 빠진다. 결혼한 아내와 두 자녀까지 있는 그는 잘생긴 본인의 얼굴값을 하는 것인지 애초부터 방탕한 성품이었던 것이다.

새로운 사업을 찾아 네바다 남부에 간 그는 라스베가스 옆 사막에 호텔 건립을 계획하였다. 카지노에서 수영장이 보이고 여러 가지 현대시설을 한 본격적인 호텔을 구상하였고 애를 썼지만, 마피아들로부터 투자받은 예산을 초과하게 되있다.

우여곡절 끝에 그가 지은 호텔의 이름은 버지니아 힐의 별명인 '플라밍고'를 따랐다. 1946년 크리스마스 다음 날, 이 새로운 카지노호텔은 궂은 날씨 속에 오픈하였지만, 실패한 것으로 여겨졌다.

그리고 그는 로스앤젤레스의 자택에서 신문을 읽다가 총에 맞아 죽었다. 그 사건은 미결로 종결이 되었고 누구도 기소되지 않았지만, 마피아들에 의해 살해된 것이다. 돈을 빼돌린 것으로도 알려진 버지나아 힐은 스위스에 갔지만 자살한 것으로 알려졌다.

하지만 얼마 지나지 않아 플라밍고호텔의 카지노는 파격적인 수익을 올리게 된다.

그리고 마피아들이 앞다투어 호텔과 카지노를 짓고 영업에 나섰던 것이다. 영화 〈대부2〉에서 마이클(알 파치노)이 라스베가스로 거처를 옮기면서 팽창하는 도시의 그 시절을 그린 장면이 나온다. 아무튼 그 후 주인은 바뀌었지만, 플라밍고호텔은 오늘날도 팔팔하게 영업하며 자리를 지키고 있다.

2) 미라지 호텔

구르르 쾅하고 화산 폭발음이 들리며 마그마가 흘러나오고 화염이 뿜어져 나온다.

밤 시간 미라지 호텔앞 도로에는 사람들이 몰려들었고, 저마다 핸드폰을 들고 사진을 찍는다. 연못과 그 위의 괴석들이 화산 쇼의 무대라면, 건너편 건물과 도로와 자동차의 모든 사람들은 관객이 된다.

이 커다란 스케일의 무료 쇼는 매일 밤 계속되는 것이다.

Mirage Volcano Eruption Show in Las Vegas. watercolor on paper. 190x125mm.

호텔은 다소 건물 색상이 바랜듯하지만 이곳이 1980년 대 말에 세워진 것을 감안하면, 라스베가스의 역사 속에서 도시의 현대화를 가져온 건축물 중 하나임이 틀림없다.

이 호텔이 세워져 라스베가스의 방문객이 폭발적으로 늘어났다고 해도 과언이 아닐 것이다.

마크어빙의 '죽기 전에 봐야할 건축물(1001 Buiding you must see before you die)'에 포함되어 있는데, 건축사에서 이 카지노호텔이 선구적으로 시도한 것이 많았기 때문이리라.

미라지는 신기루(사막의)를 뜻하는 말이다. 사라질망정 꿈을 꾸는 것을 건축으로 표현했을까.

열대의 습지대 화산을 컨셉으로 이루어진 조경은 당시로서는 대단한 투자였다. 실제 돌고래가 사는 시크릿 가든, 열대의 꽃과 나무들로 채워진 실내정원, 비틀스와 관련된 '러브'라는 타이틀의 쇼 그리고 정성들인 레스토랑들과 수영장은 카지노를 안 하는 사람들에게도 즐길 거리를 주었던 것이다.

묵고 있던 트레이져 아일랜드호텔의 이 층 복도를 지나
트램을 탄다.

한적하고 낡은 두 칸의 객차는 야자 숲을 지나 2~3분이
안 되어 우리를 미라지호텔에 내려 주었다. 카지노도 둘러
보고 '블리즈'라는 전문점에서 요커트를 시켜 먹는다. 새
양복보다 오래된 양복이 편한 것처럼 지금으로선 클래식한
느낌의 호텔 밖 수영장에는, 수없이 많은 선베드가 이곳의
맑고 따듯한 태양빛을 쬐려는 사람들을 기다리고 있었다.

이곳의 카지노는 넓지만 바카라의 경우 테이블은 몇 개 없고 플레이어도 적다. 손님이 많지 않은 곳은 미니멈 벳이 보통 낮아서 나에게는 적당하다.

다음은 2019년 가을 이곳에 들렸을 때 바카라 출목표이다.

●는 플레이어 ●는 뱅커가 나온 경우이다.

2019년 10월 7일 미라지호텔

10회부터 플 뱅 뱅 플 뱅 뱅 플 뱅 뱅 용케 연속하여 먹을 수 있었다. 중반부 뱅커가 다섯 번 나오더니 끊긴다.

한번 죽고 플레이어가 두 번째 나오길래 플레이어 갔는데 또 죽는다. 그러자 나는 쉬고, 몇 번 관찰만 하다가 자리에서 일어났다.

손님이 너무 없는 곳에서 혼자서 계속 따는 것을 기대하면 안 된다. 주목을 받는 것이고 집중공격을 받을 것이 분명하기 때문이다. 어느 정도 돈이 불어난 것으로 나는 만족할 따름이다.

3) 벨라지오

하늘을 향해 치솟아 오르는 것처럼 매일 호텔 앞의 넓은 연못에서는, 음악에 맞추어 물의 육체들이 하늘을 향해 춤을 춘다.

이 분수 쇼는 자정까지 진행되며 거리를 걷는 사람, 객실에서는 물론 건너편 호텔의 레스토랑 주변의 손님들에게까지 볼거리를 제공한다.

1998년 이 호텔을 지은 스티브 윈(Steve Wynn)은 새로운 컨셉의 호텔들을 계속 세웠다. 그는 라스베가스를 변화시킨 인물로서 약 20년 후 마카오의 윈 호텔(永利皇宮)에도 분수 쇼를 재현했다.

Bellagio in Las Vegas. watercolor on paper. 190x125mm

분수 쇼가 벌어지는 호수의 북쪽 언저리는 고급브랜
드의 점포들이 자리 잡고 있으며, 반대편에 정문 현관이
있다.

이곳의 뷔페 레스토랑 또한 고급스러우며 셰프(chef)가

80명이나 된다. 캐비어 요리와 초밥은 먹을 만하다.

이곳에서는 월드포커투어대회도 열린다(미라지, 맨달레이 베이호텔에서도). 아울러 영화 〈오션스 일레븐〉의 무대였기도 하다.

카지노 리조트를 건축한 컨셉은 엘레간트(elegant, 우아한). 그에 걸맞게 품위 있는 장소라고 진정 내가 느낀 것은 카지노를 들어서는 입구 홀에 있는 그랜드피아노 탓이었다.

갈색의 광택으로 은근히 빛나는 원목의 피아노에는 내가 갈 때마다 언제나 노신사 피아니스트가 앉아서 연주하고 있있다. 내가 아는 곡(재즈화 한 피아노곡 등)이 나올 땐, 한참이나 서서 나는 들었다.

그곳을 지나자마자 왼쪽에 바카라살롱이라는 바(Bar)가 있고 그곳을 거쳐 테이블 게임룸에 들어설 수 있다.

2020.2.15.

2020.6.27.

● 37 ● 25 타이 8 뱅커페어 13 플레이어페어 9

Silver pianist in Bellagio. watercolor on paper. 190x125mm. 2020

4) 트레이져 아일랜드

트레이져 아일랜드호텔에 며칠을 묵었다.

객실에서 보면 저 멀리 트럼프호텔이 보이고, 카지노를 지나서 북쪽 통로로 가면, 패션쇼 몰과 연결되어 있다. 그 동쪽 길 건너에는 윈, 앙코르라는 호화 카지노가 자리 잡고 있다.

새로 지은 라스베가스의 호텔들에 비하여 약간 낡았지

만, 다른 곳보다 식사나 이것저것(숙박비는 물론) 비용이 저렴하다. 또한, 호화스러운 곳보다 마음이 편해지는 부분이 분명하게 있다.

이곳은 중국인들을 비롯한 동양인들은 잘 안 보이고 실용적인 것을 좋아하는 서양인들(그것도 가족 위주의 여행객)이 대부분이다. 엘리베이터 등에서 마주치면 모른 사람들끼리도 인사를 나누는 분위기이다.

카지노도 일확천금의 도박꾼보다도 그저 즐기는 사람들이 많은 듯하였다.

바카라 테이블은 개설된 곳은 하나뿐, 손님이 없어서 하루 종일 자리만 지키는, 여자 딜러가 딱해보였다(나 자신도 혼자서 찔끔 딴 후에 가지 않았다).

내가 이길 것이 두려워 안 간 유일한 카지노의 테이블이다.

Treasure Island Mystere Show in Las Vegas, pen&watercolor on paper

이곳의 쇼 '미스테어(Mystere, 영어로는 Mystery)'를 또 관람하였다.

또, 라고 하는 것이 25년 전 라스베가스에 처음 왔을 때도 이것을 구경하였던 것이다.

그때 비하면 중앙무대에서 가까운 곳(비싼 좌석)에서 느긋하게 쇼를 본 것이었다. 시작하자마자 현란한 조명과 다양한 출연자들, 율동적인 몸짓으로 이어지는 서커스는 우리 관중들이 몰입하기에 그만이었다.

캐나다 퀘백에서 40년 전 창설된 태양의 서커스(Ciique do Soleil)라는 공연기업은, 라스베가스에 상설무대를 펼치며 그것을 초빙한 호텔들에도 성공을 선사했던 것이다.

90년대 초반 바로 이 '미스테어'를 시작으로 벨라지오호텔의 '오(O) 쇼' 엠지엠 그랜드의 '카(KA)' 그리고 '쥬메니티'(뉴욕뉴욕의 성인쇼) 등이 그들이 라스베가스에서 선보이는 것들이다.

미스테어를 다시 보면서 오래전의 것과 꼭 같이 연출하

는지 내용이 달라졌는지는 분간할 수 없었다. 출연자들은 사반세기 전과 바뀌었겠지만, 쇼의 전통은 지키는 것 같았다.

불새, 악마, 원시인, 새인데 날지 못하는 타조(?) 등 기발한 캐릭터가 등장한다.

환한 조명이 비치는 무대를 보면서 어두운 좌석의 우리는 은닉되어 있는 느낌이어서, 뭔가 안심되는 마음이었다. 소년시절 컴컴한 시골극장에서 영화 보는 것과 비슷한 기분도 들었다.

그런 곳에서 한눈팔 수 없이 이어지는 화려한 곡예를 보면서 생각한다. 아무리 부정하더라도 그들이 피나는 연습과 훈련을 통하여, 최선을 다하고 있다는 것을.

때로는 슬프고 진지한 테마의 내용을 펼쳐 보이다가 혹은 보기만 해도 폭소가 쏟아지는 장면이 교차된다. 희노애락의 인생에 대해서 여러 생각이 들 수 있는 것은 무제(無題)의 음악이나 그림을 보며, 다르게 주제를 생각하는 것처럼 불가사의한 것인지도 모를 일이다.

하지만 나로서 분명한 것은 그 연기자들의 집중하는 것과 최선을 다하는 것이, 부럽고 나도 매사에 그러고 싶다고 생각해보았다.

5) 베네시안과 팔라초

이탈리아의 물의 도시 베니스(베네치아)를 옮겨놓은 듯, 이곳은 바깥의 리아르트다리, 베네치아탑을 비롯하여 인공 천정 아래의 운하에는 곤돌라까지 다닌다. 수로 옆으로는 그랜드캐널숍이라는 쇼핑 센터가 자리 잡고 있다.

2006년 오픈한 베네시안은 3년 후 개장한 팔라초(Palazzo, 궁전이란 뜻)와 연결되어 있으며, 합친 객실은 7,093실이나 된다. 두 곳의 카지노는 동일한 멤버카드와 칩을 사용한다.

베네시안 카지노는 넓고 깔끔한 데다가 곳곳에 푸드코너가 있는데 음식들은 맛있다.

Venetian in Las Vegas. pen&watercolor on paper. 190x125mm

필자 개인적으로는 이곳의 누들(홍콩식)레스토랑의 돼지고기면이 입맛에도 많고 양도 많지 않아 즐겨 먹었다. 바카라룸을 들어서면 테이블이 몇 개 있고 한국인 여자 딜러들도 보이고 플레이어들 중에는 동양인들도 많이 보인다. 입구에 들어서자마자 바로 마주치는 테이블은 그림이 안 좋거나(이른바 악수(惡手)) 어려운 경우가 많았다.

샌즈(Sans) 그룹의 카지노는 결코 우스운 곳이 아니라는 점을 명심해야 한다.

2월 세 번째 금요일 라스베가스는 유난히 북적대었다.

발렌타인 주간이 지난 지 얼마 안 된 데다가, 그다음 날 미국에서 인기 있는 헤비급 복싱타이틀전이 열려서 각지에서 사람들이 많이 온 것이었다.

시드머니의 중요성 얘기이다.

J와 함께 간 팔라쪼 바카라룸 앞 작은 테이블에서의 일이었다. 거구의 백인이 저쪽 옆에 앉아서 플레이를 하는데, 인상은 좋은 반면 보통사람 허벅지만 한 팔뚝의 문신이 돋보였다. 같은 곳에 베팅하고 이기고 나서 주먹을 마주치고 나서 서로 대화를 나누게 되었다.

바카라 배운 지 얼마 안 되며(포커는 많이 했지만) 어제 그곳에서 많이 졌다고 하였다. 은연중에 나를 따라서 베팅하며 그도 칩이 좀 쌓여갔다.

그러던 때 키 큰 흑인이 끼어들며 노란칩(1,000불) 세 개씩 베팅하였다.

어디서 본 듯한 얼굴인데 J는 쉽게 알아보았다. 그 흑인은 유럽축구리그에서 최고 공격수 중의 한 사람이었던 D라는 사람. 젊고 쾌활한 그는 바카라를 나름 잘하는 듯하였다. 다 같이 성공적으로 즐겁게 게임을 끝내고 D의 제안으로 식사를 같이했는데, 사진도 같이 찍고 전화번호도 나누고, 기타 등등 경험담을 나누었다.

그는 축구선수를 그만두고 키프러스에서 주로 살며 두바이의 투자자문회사에서 일한다고 했다. J의 말로는 그의 부인도 유명한 가수라고 하였다. 머리도 좋은 듯 농담이지만 자신이 유명한 존재가 아니었다면, 프로 바카라선수가 되었을 것이라고 하였다.

식사하고 나서도 내가 앉은 테이블을 중심으로 메뚜기처럼 이 테이블, 저 테이블 왔다갔다 하면서 5만 불을 잃었다가 금방 또 찾아오기도 하였다. 그가 스포츠가방을 열고 보여줬는데 60~70만 불 정도의 칩을 챙겨서 다니고 있었다.

거구의 백인은 다음날 복싱시합에 큰 내기를 할 것이라

했다. 자기가 사는 오마하(네브래스카주)에 꼭 오라고, 그리고 바카라를 가르쳐 주라는 등 수다를 떨다가, 인사하고 방에 가고 우리도 D와 헤어졌다.

D는 종잣돈, 곧 시드머니가 많고 경제적으로 부유하니 크게 게임을 해도 할 만한 것이다. 그러나 나는 나일 뿐, 내 분수에 맞게 게임을 즐길 뿐인 것이다.

2019.8.3. 베네시안

2019.10.7. 팔라초

2019.12.21. 베네시안

2020.2.14. 팔라초

2020.2.15. 베네시안

2020. 6.26 베네시안

2020. 6.28 팔라조

6 5 5 6 7 8 7 7 6 8 6 9 3 9 5 7 8 2 8 5 9 8 8 8 6 6 9 3 9 7 9 9 8 8 4 9 1
3   3   3 3 5   7 7   3 7   8   9 1 7   8 8 9 9 8 5 7 9   8   8   5
7   8   8   5   7   8   9   9   5   6
5   4   9
                                                6
                                                4

여기에서 베네시안에서 타이거 사이드벳에 대해서 언급해본다.

뱅커가 식스(6)으로 이겼을 경우 절반만 주는데 사이드 벳을 했을 경우 벳한 것의 13배, 50배(쓰리카드의 경우 소위 빅 타이거)를 주는 게 있다. 먹어본 경험의 잔상이 머릿속에 있을 경우, 자꾸 사이드벳에 손이 간다. 급기야 뱅커가 이기길 바라다보면, 베팅 발란스까지 무너져 낭패를 겪을 수 있으니 주의해야 한다.

위에서는 식스원 6번이나 나왔다.

사이드벳은 보통 열 배(타이나 페어 등도) 정도 주므로 맞히면 짭짤한 기분인데, 이런 행운을 갈구하여 쫓아가면 보통 만나기 어렵다. 어쩌다가 한 번씩 가는 자제력과 현명함이 필요하다고 생각한다.

코로나바이러스 이후 테이블에 아크릴 칸막이가 있는 경우 옆쪽으로 모니터를 보게 된다. 이럴 때, 빛 난반사로 눈도 피로하고 잘 안 보여 일감(一感)을 느끼는 데 방해가 된다. 가능하면 정면에서 볼 수 있는 좌석을 골라야 한다.

또 마스크를 계속 쓰기 때문에(당연히 질병을 예방하려면) 입 주변이 습도가 차며 호흡도 편안한 것은 아니다. 일회용을 요구하면 언제나 얻을 수 있으므로 수시로 바꾸어 마스크를 하고, 이중으로 헝겊 같은 것을 마스크 위에 쓰니 편했다.

6) 윈 ,앙코르

화사하고 아름다운 꽃,
꽃의 정원
꽃마차를 타고 꿈은 달린다.
수천, 수만 송이 꽃들이
카지노 입구의 공간과
우리들 마음에 장식된다.

****

윈, 그리고 앙코르 호텔은 라스베가스에서 가장 고급스러운 호텔로 꼽힌다.

50년 전 골든너겟 호텔을 매수하면서 라스베가스에 발을 디딘, 스티브 윈(Steve Wynn, 1942~)이 주인공이다. 그는 많은 호텔을 짓고 팔고 하면서, 최고 카지노호텔의 꿈을 실현 해왔으며 드디어 이곳을 그 정점인 호텔로 삼았다.

Wynn flowers in Las Vegas, watercolor on paper, 190x125mm, 2020

호텔 이름에 자기 이름을, 호텔은 오너의 사인을 로고 마크로 삼았다.

백문이 불여일견(Seeing is believing).
라스베가스에 가면 윈 호텔에 꼭 들려 보자.
돈을 쓰지 않아도 좋다.
우리가 모두 이런 건물을 소유할 필요가 있나? 그저 VIP가 된 기분으로 방문하자. 최고에 버금가는 '더 뷔페 앳 윈'을 비롯한 레스토랑과 고급스러운 쇼핑 센타를 비롯하여, 궁전 같은 호텔의 카펫을 밟으며 돌아다녀 보자.

정문 현관 프런트 데스크 우측으로 고급브랜드 숍이 시작되기 전에 SW 스테이크하우스가 있다. 카지노의 뒤편에는 오른쪽부터 Wing Lei와 Red 8이라는 중국식당, Tableau (아메리칸 요리), 그리고 뷔페가 자리 잡고 있다.
미즈미라는 일식당도 그럴듯하다. 미즈는 물이고 '그것을 본다'라는 뜻이다. 과연 정통 초밥이나 일식을 먹으면서, 바깥 풍경 일본식 정원 옆으로 시원하게 떨어지는 폭

포를 감상할 수 있다. 앙코르와 연결되는 회랑 옆으로 극
장(Le Reve)과 XS나이트클럽이 있다.

　붉은색 주단, 고급스런 분위기의 카지노 속에 바카라 룸
은 넓게 자리 잡고 있다. 라스베가스의 내 친구들은 이곳
의 바카라를 어렵다는 평을 내리곤 하였다.
　미니멈 벳도 크고 슈가 만만하지 않다고 꺼리는 경향이
있었던 것이다. 그런 곳일수록 가볍게 즐기는 정도 하는
마음으로 할 필요가 있다.

2019.8.2. 윈

2019.10.8.

2019.10.10.

● 뱅커 18   ● 타이 8
● 플레이어 25

2020.2.19.

역시 플레이어가 강세, 후반부 밑줄 나올 때 뱅커에 베팅했다면,
7 받고 기다리다가 연거푸 진다(완전히 열 받을 상황).

2020. 7. 2

2020. 7. 2

타이 4 뱅커페어 2 플레이어 페어 5

2020.7.25.

7) 시저스 팔레스

로마의 영웅 줄리어스 시저스의 이름을 딴 이 카지노호
텔은 이곳에 생긴 지 50년이 넘었다.

스트립의 북쪽에서부터 보면 포럼샵스(The Forum
Shops)의 쇼핑, 그리고 콜로세움의 공연센타, 쥴리어스

Caesars Palace in Las Vegas. pen&watercolor on paper. 125x190mm

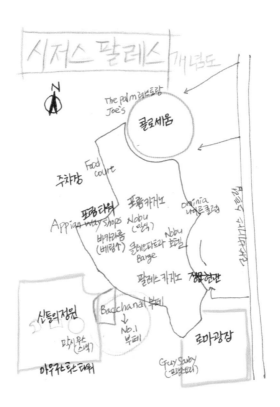

타워(창업 50주년 기념하여 2016년 오픈), 아우구스타워
그리고 그 서쪽에 옥타비아누스 타워가 있다.

 60년대에 세워진 이 호텔이 증개축과 리노베이션을 통
하여 확장하며 건물에 로마식 이름을 붙인 것이다. 내부에
도 대리석으로 이루어진 실내장식에는 화려한 인테리어와
로마시대의 조각과 그림을 복원하여 디자인하였다.

고급브랜드의 쇼핑센터들도 그럴듯하지만, 이 호텔의 레스토랑으로 유명한 것은 바카날(Bacchanal)뷔페이다. 500여 가지의 요리가 나오는데 갈비, 게와 굴, 수제 딤섬, 과일까지도 품질이 높고 맛있다.

유에스 투데이(USA Today)와 미식가들 사이에서 라스베가스 1위로 여겨진다.

미국도 맛집이라고 소문나면 그러는가 싶게 보통 보면 입구에 사람들이 길게 줄 서 있다. 필자 개인적으로 즐겨 찾는 곳은 프런트 앞의 '아메리칸카페'라는 브런치 레스토랑이다. 빵 몇 조각, 튀긴 감자와 계란 요리(나의 경우 스크램블) 오렌지쥬스와 블랙커피는 정말 맛있고 배도 든든하였다(사실 미국의 음식은 동양인에겐 양이 많은 편이다).

카지노에는 1,500대 정도의 게임머신이 있고, 92대의 포커테이블 그리고 기타 테이블은 180여 대나 된다. 여기저기 나눠진 게임룸들은 방향을 잃을 정도로 복잡하다.

바카라 룸의 테이블은 미니멈벳이 보통 500불이어서 부담이 된다. 중앙에 메인테이블(8자모양의 큰 테이블)이 있으며, 그곳은 100불이 미니멈 벳이다. 딜러와 시상하는 사람이 따로 있고, 10명이나 동시에 플레이할 수 있다.

이곳의 바카라 패턴을 좀 살펴본다.

2019 8.1

2019.10.7.

2019.12.21.

2020. 2.14.

2020.2.18

2020.6.27.

2020.7.17.
시저스팔레스에서는 사이드벳이 타이, 페어밖에 없다.
45번째까지 타이가 한 번도 안 나왔다.
시드 중간 일부이다.

🎰 여기서 옆자리의 중국 여자 올인 하다시피
에 베팅 그러나 결과는 처참했다.

시저스팔레스는 리오픈 후 스트립의 카지노에서는 손님이 제일 많은 듯하였다.

바카라룸의 테이블 여섯 개에는 언제나 만석이다시피 중국 사람들 그것도 여성들이 많았다. 아침 식사를 하고 메인 입구 바깥쪽에서 서성일 때였다.

플레이할 때 마주친 LA에 사는 X씨(명함을 받고 알았지만)와 마주쳤다. 할 때 보니까 벳도 시원시원 크게 하였고, 그런대로 잘하는 것 같았다. 그런데 밤을 새운 것 같았고, 몇 마디 얘기하다가 같이 플레이하기로 하고 앉았다. 그는 나에게 사이드벳하지 말라고 충고하였고 고맙게 받아들였다.

한국인. 골프 연습장 같은 데서 보면 우리들은 옆 타석의 연습하는 사람에게 이러쿵저러쿵 자세에 대해서 코치한다. 싱글플레이어도 그렇지만 입문한 지 얼마 안 된 사람도 남을 가르치거나 간섭하길 좋아하는 듯하다.

블랙(100불짜리) 열 개 정도 가지고 플레이하던 그는 내가 조금 따자 천 불만큼의 칩을 빌려달라고 얘기하였다.

세계 어느 카지노에서나 겪을 수 있는 일이지만, 그와 나 눴던 대화를 통해 괜찮은 사람이라는 느낌이 들었던 나는 칩을 주고 말았다. 그의 형편에 내가 동감한 것일까.

누구와 엮이는 것 싫어하는 나지만 나 자신도 모를 결정 이었다.

그리고 빌려주는 게 아니고 내가 딴 것의 일부니 그냥 주겠다고 얘기해버렸다. 일주일 후 그한테서 다시 전화가 와서 한국식당에서 만나서 식사를 같이했다. 그러나 여유 가 안 되었는지 갚을 생각은 하지 않는 것 같았다.

LA에서 사업하는 그는 주로 시저스팔래스에서 오래 플 레이를 했다고 한다. 처음 9연승까지 이루었다고 하는데 그의 말이 신빙성 있음을 느꼈다. 어떤 때는 십몇만 불(한 국 돈으로 1~2억 되는 거액)을 따기도 하였다.

10연 승째 테이블룸 안의 케셔에서 칩을 돈으로 바꾸려 하는데, 줄도 길었고 늦장을 부리는 케셔의 직원 탓에 조 금 더 플레이를 하기로 하였다.

실제로 다른 곳들도 그렇지만 시저스팔레스의 케셔에서 칩을 돈으로 바꾸려 하면, 어느 정도 큰 액수라면(대충 만 불 이상) 플레이어카드를 줘도 아이디 있느냐, 어디서 플레이를 했느냐, 이것저것 짜증 나게 물어보고 이리로 저리로 전화를 한다.

그것을 카지노의 작전이라고 얘기하는 사람도 있다. 그들은 그렇게 지시를 받을 것이다.

촌스럽지만 비즈니스의 이상한 규칙 '받을 돈은 빨리 받고 줄 돈은 최대한 끌어라.' 일지도 모를 일이다.

그러나 그는 조금 더 플레이를 하다가 십연승 도전에 좌절되었고 그날 오링되었다.

그 후부터 얘기는 생략하지만 그렇게 신통하지는 않은 것 같았다.

대부분이 한국 겜블러들은 마지막 돈이 남아있을 때까지 반전을 시도하며 오링되는 지름길을 택한다. 식당에서 감자탕을 먹으며 카지노 마커빚을 안 갚기 위해 파산신고를 하겠다며, 다음 주는 동부의 아틀란틱에가서 플레이를 하겠다고 한다.

그의 심정이 느껴지니 모든 도박 때문에 망하는 사람들, 한편으론 나 자신의 다른 모습 같아서 조금 머리가 어지러웠고 씁쓸했다.

식사를 마치고 우리는 서로의 행운을 빌며 헤어졌다.

2020.8.3

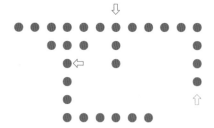

백발의 중국인 할머니가 내 옆으로 왔다. 얼핏 보니 안면이 있는 것 같기는 하였다.

오렌지 칩(천 불) 두 개는 핸드백에 두고 블랙 칩(백 불), 그린 칩(25불) 예닐곱 개를 쥐고, 한참 쉬다가 뱅커에만 간간이 벳하는 스타일이었다.

그런데 위에서 ⇐ 표의 순간에 뱅커에 베팅하고 죽었다.

이어서 플레이어 줄이 열두 개나 나왔다. 나는 자주 가지는 못했지만 야금야금 계속 먹었다.

뱅커를 기대하며 그것을 꺾으려 계속 ●에 벳하던 할머니는 울상이 돼버렸다.

좀 있더니 미식축구 유니폼을 입은 건장한 백인 청년이 와서 천 불을 꺼내어 바꾸더니, 양쪽 페어에 오십 불씩 나머지 칩 아홉 개(구백 불) 전부를 ●에 베팅한다. 나는 그곳에 서포트하듯이 조금씩 따라갔다. 웬걸 ●가 세 번이나 나왔고(⇩표 한곳), 그 남자는 세 번이나 같은 식으로 하여 삼천불을 날리고 사라졌다. 할머니는 이제 나 따라서 ●에 갔다가 뭐라고 불평을 하면서 게임을 포기하게 되었다.

미국 청년은 또 돈을 가지고 오더니 플레이어에 같은 방식으로, 벳하는데 세 번째까지 엎어 가며 먹는 것을 보며 나는 일어섰다(⇧표한 부분).

그에게 같은 곳을 계속 벳하는 것은 있을 수 있지만 쉬

지 않고 하는 것은 좋지 않다고 살짝 얘기해주었다. 캐셔
앞에 서 있었는데 그 청년이 회복했다고 와서 나에게 고
맙다고 인사를 하는 것이었다.

8) 코스모폴리탄

코스모폴리탄 호텔 2층의 풍경.

사람보다 더 큰 구두모양 현대 예술품이 오브제가 되고
있다. 이곳 에스컬레이터 옆으로 아래층 카지노까지 늘어
진 샹델리어는 화려하고도 산뜻한 분위기를 연출한 현대
감각의 호텔이다.

새로 지은 호텔인 만큼 인테리어는 산뜻하다.

이곳에 위키드 스푼(Wicked Spoon) 뷔페가 자리 잡고
있다. 라스베가스에서 넘버원이라는(속된말로 물이 가장
좋다는) 마르께스 나이트클럽 옆으로 고급 그리스 식당,
레스토랑, 쇼핑몰들이 자리 잡고 있다.

Cosmopolitan in Las Vegas, pen&watercolor on paper, 125x190mm

Cosmopolitan in Las Veg...

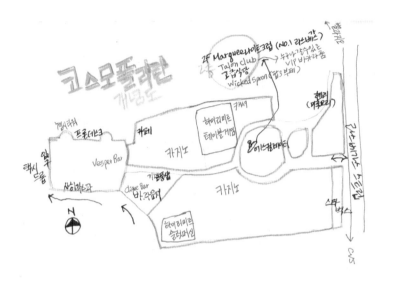

2층에 바카라 VIP룸은 일반인의 출입을 허용하는데 직원들, 손님들도 대부분 중국인들이었다. 나는 아래층, 미니멈벳이 작은 곳, 바카라룸에서 플레이를 좀 하였다.

이곳은 플레이를 마치고 고액의 칩을 현금으로 환전할 때 꼬치꼬치 캐묻지 않는 유일한 곳이었다.

바카라를 하고 있는데 매우 어깨가 넓은 털보가 옆에 앉아 성큼성큼 거금을 베팅하곤 하였다.

자기는 시카고에서 왔고 파키스탄인이라고 하는데, 데

리고 다니는 다른 사람은 서서 구경만 하였다. 코리안이라
고 하니 어디서 주워들었는지 "빨리 빠리"하며 웃어댄다.

그리고 나중에 한국의 K사장(강남에 나이트클럽을 소유
했을 정도로 부유한 재력가였는데 몇 년 전에 도박으로 파
산한 것을 듣고 있었다)을 만났다. 옆에서 1,200불을 칩으
로 바꾸더니 금방 떨어지고, 그 일행이 마커를 받아 몇천
불씩 베팅하고 있는 것을 구경하는 것이었다.

도박, 카지노를 좋아하면, 바카라를 배우면 누구나
(100%는 아니지만) 집도 날리고 회사도 사라지며 가정도
분해된다.

이 세상에 무서운 것도 많지만 노름만 한 것도 없다. 마
약처럼 스스로 택해 즐기며, 헤어나지 못하고 비참한 인생
을 살게 되는 것이다.

이런 생각들이 들어 그곳을 떠나기로 하였다.

K사장이 딱해 보여 체면이나 세워드리려고 기억을 더듬
으며 인사를 하였다.

2020.2.14.
슈가 어려운 느낌, 중국점을 참고해보았는데 세 번 연속 틀리는 결과, 식스원 한번 먹음

2020.2.19.

2020.8.16.

옆자리에 멕시코 청년이 동전을 던져 나온 면에 따라 뱅커, 혹은 플레이어에 베팅하였다.

급기야 그 우측의 미국신사도 5,000불의 빅벳도 그 청

년 따라서 정했는데, 결과가 그다지 나쁘진 않았다. 내 머릿속 생각은 동전 한쪽 면만 나올 확률 1/2, 그거와 맞을 확률 등 생각해보느라 복잡했지만, 어디에 갈까 부담 없이 행하는 것은 장점일 것이다.

하지만 나로서는 본인의 의지, 직감, 선택 없이 우연에 정한다는 것은 맞지 않는 일이다.

그 비슷할 때쯤 그곳에서 한국 남자 플레이어를 만났는데 특이하였다.

텍사스 엘파소에서 왔다는 Y라는 사람으로 겜블이 직업인지는 몰라도, 나보다 열 살이나 아래인데도 머리가 다 세어있었다.

한 슈 그러니까 60~70번의 베팅기회에서 여섯, 일곱 번만 베팅하는 것이었다. 절제의 게임 능력이 탁월한듯하여 일부러 환담할 기회를 가졌다. 그 자신은 주로 로칼카지노에서 게임을 하며 바카라로 먹고산다고 하였다. 그런 것이 좋은 것인지 나쁜 것인지는 내가 판단할 일은 아니다.

그의 얘기로는 중요한 것은 하루에 한게임 그것도 딱 한 슈만 한다면 절대로 지지 않을 자신이 있다고 했다. 그러나 먼 곳에서 시간을 들여 라스베가스 오다 보면, 한게임 더하고 싶은 욕심이 생기고 그러다 보면 하고 웃음을 지었다.

리오픈한 후 이곳에 묵을 기회가 있었는데 동쪽 타워 빌딩에 내 방이 있었다.

이곳에는 젊은 남녀들이 많이 오는 만큼 방의 인테리어의 문양 등이 서울의 러브호텔에나 있음 직한 관능적인 것들이어서 나에게는 맘에 들지 않았다.

하지만 코스모폴리탄호텔의 방들의 장점은 분명히 있었다.

다른 곳 윈이나 시저스팔래스 혹은 베네시안의 넓은 스위트룸의 경험도 있었지만, 유일하게 이곳은 문을 열고 나갈 수 있는 베란다가 있는 것이다. 밤에도 후끈후끈 열기가 느껴지는 공기이지만, 편한 의자도 있고 방의 환기에도 유리한 것이다.

더욱이 북쪽을 바라보는 내 방에서는 바로 앞의 벨라지오의 분수쇼는 물론, 패리스의 에펠탑과 스트립의 거리가 내려다보이니 심야에는 야경이 과연 볼만하였다.

9) 패리스

패리스(파리 호텔)는 프랑스 파리의 거리를 재현한 곳이다. 에펠탑도 있고 개선문도 있다.

몽골피에(Montgolfier1740~1810)의 파란색 열기구가 특이하다. 세계 처음으로 인간을 하늘 위에 날아오르게 한 꿈의 도구. 쳐다보면 특이한 모양에 무언가 기분이 좋아진다.

이곳은 라스베가스 경관의 최고 포인트이며 특히 야경에서 더욱 두드러진다.

에펠탑 밑으로 카지노와 평이 좋은 식당들이 줄지어 있다. 프랑스 요리가 주가 되는 뷔페, 고든 람세이(주문받

Paris Las vegas, 부분, acrylic on canvas. 27.3x22cm. 2019

고 그릴에 올리는 스테이크)로 유명하다.

　　건너편 벨라지오의 분수쇼를 보며 젊은 남녀가 식사를 이곳에서 한다면, 사랑이 무르익을 가능성이 클 듯하다.

　　카지노는 천정이 낮고 어두워서 불편한 듯하였다.

10) 하라스

하라스 카지노 안에 있는 사람 크기의 인형.

좋아하는 부인과 강아지까지!

그야말로 돈벼락을 맞은 남자는 기뻐서 어쩔 줄 모른다.

그런 것을 보며 우리는 환상을 가지며,

아니 망상이라는 게 맞을 듯하다

당당하게 카지노에 들어선다.

그리고 나설 때는 한숨을 쉰다.

하라스(Harrah's)는 미국 내에 50개 카지노를 운영하는 게이밍회사의 호텔이다.

그래서 그런지 아주 큰 규모는 아니지만, 오밀조밀 카지노다운 맛이 있는 곳이다.

아울러 이곳의 풀은 50m×25m의 올림픽 사이즈이다.

바카라 테이블은 몇 개 되지 않는다.

CASINO COUPLE in Harrah's

CASINO Couple in Harrah's. pencil&watercolor on paper. 125x190. 2020

2019.10.13.

11) 만달레이 베이

호텔 이름에 베이(Bay)가 있는 것은 인공적인 해수욕장이 이곳에 있기 때문이다.

면적이 13,000평이 넘는 풀에는 2,700톤의 모래를 깔고 1m가 넘는 파도도 친다.

비행기가 라스베가스 공항에 착륙, 활주할 때 먼저 보이는 커다란 황금색 건물이 이곳이다.

곧 스트립의 가장 남쪽에 있는 것이다.

미국 최대의 컨벤션 센터가 병설되어 있어 내가 갔을 때

도 무슨 전시회하고 있었다. 이곳의 레스토랑들의 수준은 하나같이 괜찮은 편이다. 프랑스음식점(Hubert Keller) 멕시칸요리(Border grill) 이탈리아식(Lupo) 등등. 나는 엠지엠카드(M-life카드)의 포인트를 이용하여 베이사이드뷔페에서 무료로 영양보충 하였다.

이곳의 테이블 게임룸은 깔끔하지만, 바카라 테이블은

단 두 개뿐 인 것이 흠.

Mandalay bay 2020.2.19.

● 뱅커 31 ● 플레이어 32 △ 타이(표시 안했지만) 6 뱅커페어 6
플레이어페어

간단하게 한 게임한 후에 샤크리프 아쿠아리움을 구경
하였다.

규모가 작아도 주제는 통일성이 있어서 좋았다.

중남미 섬에 있는 느낌이랄까. 난파선 속에 내가 들어가
서 물고기들을 보는 것 같은 느낌이 들었다.

몇 가지 종류의 상어가 수족관에서 다른 작은 물고기들
과 같이 돌아다닌다. 그 자신도 갇혀있으니 다른 것들을
해칠 여유가 없는 듯, 그러니 크고 작은 것들이 어울리는
그 말, 평화

Shark Reef in Mandalay. watercolor on paper. 190x125mm. 2020

12) 뉴욕 뉴욕

뉴욕 뉴욕은 오래전의 맨하탄을 테마로 지어진 호텔이다.

외부에는 브르클린 다리도 있고 영화 〈스파이더맨〉에 등장하는 뉴욕시립도서관 건물과 실제의 것보다 절반 크기의 자유의 여신상이 미국적 분위기를 물씬 풍겨준다.

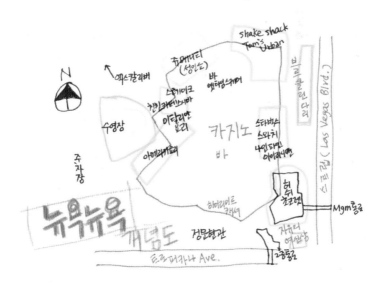

New york New york in Las Vegas, pen&watercolor on paper

유달리 젊은 사람들도 많은 듯 보였다. 초코렛 월드 쪽에서 육교를 통해 엠지엠그랜드와 연결되며 북쪽으로는 나무들이 있는 공원이 있다. 그곳에서 산책을 하면, 라스베가스에 있는 것이 잊혀질 정도 녹음이 졌다.

카지노의 천정이 아주 높아서 시원한 느낌이 들었고 주변으로는 아메리칸 스타일의 음료와 레스토랑들이 있다.

이곳에서는 잠깐 룰렛을 해본 정도이다.

13) 룩소르(Luxor)

룩소르호텔은 라스베가스 스트립 남부 시작점에 있다.

고대 이집트문화를 테마로 만든 거대한 피라밋 모양의 건물이다.

룩소르는 이집트 카이로에서 남서쪽 660㎞에 위치한 나일강 동안에 있는 작은 도시이다. 대신전(大神殿), 람세스 2세의 오벨리스크 등이 있다.

Luxor in Las Vegas, watercolor on paper, 190x125mm

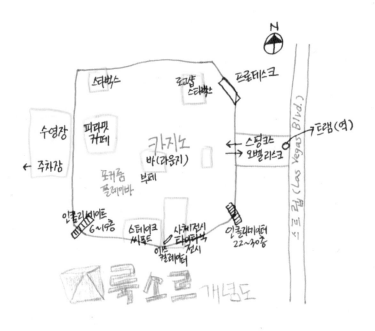

호텔 입구에는 스핑크스가 만들어져있다. 경사진 엘리베이터로 객실로 가는 피라미드 모양의 호텔(30층) 내부 곳곳에 모조품인 이집트 유적이나 미술품들이 설치되어 있다.

밤에는 피라미드 꼭대기에서 레이저광선이 밤하늘을 향해 비추는데 100㎞ 밖에서도 관찰된다고 한다.

카지노 내부는 어둡고 침침한 분위기이다.

이곳의 바카라 테이블에는 손님도 적었고 몇 개 되지 않았다.

2919. 8 ●는 플레이어 ●는 뱅커

밖에서 이렇게 하다가 바카라룸 테이블로 옮겨 잠깐 하였다. 혼자서 오래 하기는 좀 멋쩍었고 다소간의 압박감도 느꼈기 때문이었다.

MGM Lion in Las Vegas. pen&watercolor on paper. 125x190mm. 2020

14) 엠지엠 그랜드

엠지엠 그랜드는 나에게는 약간 익숙한 곳이다.

25년 전 처음 라스베가스에 갔을 때 묵었던 곳이고 지금도 주로 이 호텔을 이용한다.

낯익은 이곳의 직원들 중에는 한국 분들도 많다.

엠지엠 그랜드의 카지노는 호텔 남쪽의 로비에서 북쪽 통로(유명클럽 하카산,Hakkasan이 있다.)까지 1층 전부

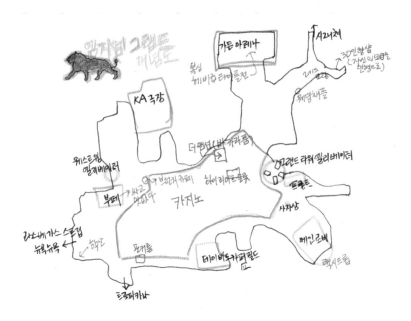

가 포함되는 넓은 면적이다. 객실이 6,800개나 되는 거대한 호텔이다.

이곳에 본사를 둔 엠지엠 그룹은 과장해서 말하면 라스베가스 스트립의 반을 아우른다.

멤버쉽카드인 엠라이프(M-Life) 하나로 통하는 곳들은 미라지, 벨라지오, 만달레이 베이, 뉴욕뉴욕, 룩소르, 엑스칼리버 등등이다. 조용히 휴식을 취하려면(카지노가 없어 더 좋은) 몬테카를로를 개축한 파크 엠지엠도 좋다.

로비에 황금색 사자가 돋보이는데 올해 2월에는 권투링 컨셉으로 장식되어 있었다.

1,7000명이 들어가는 아레나가든(Arena)에서는 UFC가 종종 열린다. 내가 방문할 때 마침 헤비급 복싱타이틀전이 열려 타이슨 퓨리를 가까운 거리에서 보기도 하였다.

로비의 좌측으로 수도 없이 설치된 슬롯머신은 2,550대에 달한다. 북쪽으로 가다 보면 룰렛테이블, 주사위게임, 수많은 블랙잭 테이블들과 여기저기 가장자리에는 음료를 마시며 거는 스포츠북들이 있다. 약간 어두운 분위기처럼 느껴지는데 오래된 호텔이어서 그럴지도 모른다.

우측에 하이리밋 슬롯룸이 있고 그 옆 입구로 들어가면 바카라룸인 더 맨션(The Mansion).

프런트 옆으로 들어가 그랜드타워의 룸으로 들어가려면, 원형으로 된 작은 광장에 분수대가 있다. 엘리베이터로 향하는 여러 개로 나누어진 이 입구로 통하게 되어 있다. 분수대에 향하기 전 야채, 계란, 약간의 햄이 들어있는 샐러드 도시락을 산다.

뚱뚱한 여직원과 필리핀 중년 남자는 각각 눈웃음과 거수경례로 나의 안부를 묻는다.

내 대답은 언제나 "파인 땡큐"이다.

푼돈이라도 땄을 때는 물이 넘쳐 흐르는 이오니아식 분수대의 물소리가 즐겁다. 복도의 전등들이 많으니 나의 외로운 그림자는 생기지 않는다.

주머니의 돈을 침대에 펼치듯 내려놓는다. 돈이 무엇이길래 우리들 사람은 그것에 울고 웃은 것일까.

2019.7.31.

2019.12.18.

2020.2.14.

2020.2.15.

⑧ ⑨ ⑤ ⑦ ⑨ ⑨ ⑦ ⑨ ⑦ ⑨ ⑦ ⑨ ⑨ ④ ⑥ ⑧ ⑧ ⑨ ⑧
⑧ ⑦ ⑤ ⑧ ⑦ ⑨ ⑥ ⑥ ⑥
⑨ ⑧ ⑤ ⑦ ④ ⑧ ⑧ ④
⑦ ⑧ ⑤ ⑧ ⑨
④ ④ ⑨
⑦ ⑤ ⑧ ⑤ ⑦

2020.2.19.

2020.6.25.

중간에 확인해보니 ●24 ●23 타이 2 페어 6

115

20202.6.28

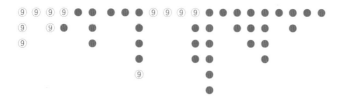

이날은 주말 내추럴 9가 연속으로 나온다. 7, 8을 가지고 먹겠지.
스탠딩(기다리다가) 진다.
그나마 세 번째 카드를 받아 역전되는 게 수없이 나오니 벳하는 것
에 따라 열 받기 쉬운 슈.

2020.7.1.

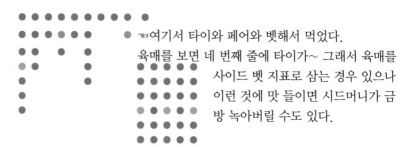

✎여기서 타이와 페어와 벳해서 먹었다.
육매를 보면 네 번째 줄에 타이가~ 그래서 육매를
사이드 벳 지표로 삼는 경우 있으나
이런 것에 맛 들이면 시드머니가 금
방 녹아버릴 수도 있다.

3. 카지노 게임

1) 슬롯머신

슬롯머신은 상당히 매력적인 기계로 보인다.

그냥 앉아서 별생각 없이 버튼만 누르면 된다. 행운이 닥칠 것 같은 기대감 때문에 노인들까지 즐기기도 하지만 잔돈 지폐까지 그야말로 주머니가 텅 비어본 경험, 끈질기게 해본 사람들은 누구나 겪어 봤을 것이다.

이런 종류의 기계를 필자는 40년 전 서울에서 많이 겪어 보았다.

친구 따라 강남 간다고 하던가. 스카라극장 근처에 살던

Slot machine, watercolor on paper, 190x125mm

친구 L이 이 게임을 좋아했다. 충무로의 아스토리아호텔, 무교동의 스타다스트호텔 등에 다녔던 것이다. 전국의 큰 호텔에는 별실 혹은 별관의 형태로 오락실이 정식으로 허가 설치되어있었다. 그것들은 관심을 가져 접근한 손님들의 돈을 뜯어냈다.

라스베가스의 몹(마피아)박물관이나 카지노 어떤 곳에선 백여 년 전의 슬롯머신을 컬렉션 해놓은 걸 볼 수 있다. 그때도 더욱 단순할 뿐 원리는 비슷하였다. 동전이나 돈을 주고 구입한 코인(카지노, 오락실에만 통용되는)을 집어넣고(slot에, 그래서 기계 이름이 정해진 것임) 핸들을 돌리기만 하면 됐다.

오늘날 지폐를(또는 금액이 표시된 티켓) 집어놓고 버튼을 살짝 누르기만 하면, 화면 속의 그림들이 움직여 여러 형태를 만들어 시상되는 금액이 처음 시드머니의 액수에 포함된다. 최첨단 전자식이니만큼 화려한 화면 속에는, 금화와 금괴들이 날아다니고 쏟아지며 스피커에서 나오는 굉음은 우리의 마음을 들뜨게 한다.

하지만 그것들은 컴퓨터칩에 의해 조절되며 그 기계들은 말 그대로 기계적으로 우리들의 주머니를 비우게 할 뿐이다. 그리고 도박하는 사람의 마음을 오랫동안 하고 싶게 만든다. 이른바 사행심을 너무나 잘 파악하고, 그것을 자극하도록 입력되어있다. 오래 앉은 우리의 눈은 피로하고 손가락도 아파진다. 본전 생각에 속은 쓰리고 그래도 기대하는 마음은 이러지도 저러지도 못한다. 결국, 우리의 마음은 초라해진다.

라스베가스의 카지노에는 그야말로 다양한 모양의 슬롯 머신들이 손님들을 기다리고 있다.

전통적인 모양의 쓰리바(BAR) 스타일(뜻밖에 미국 남자들은 이런 형태를 선호하는 듯하다.), 007제임스본드, 버팔로, 마케도니아 전사, 플레이보이, 영화 '섹스 앤 시티' 등의 컨셉. 중국 스타일의 다재다복(多財多福)과 금길진희(金吉振喜진지바오씨), 대형모니터 스타일, 회전이 부드럽고 고해상도의 화면. 심지어는 원통의 7이나 바(BAR)는 그것대로 돌아가면 상단의 뽑기 그림 같은 원형이 돌아가며, 다시 백배, 이백 배 이중 시상으로 하는, 사람 마음을 들뜨게 하는 것. 여성들을 솔깃하도록 당기는 미인들이나 다이아몬드 같은 보석 모양, 과거 우리나라의 '바다이야기' 같은 스타일 등 천차만별이다.

****

슬롯머신은 기계에 따라서 고정되는 것은 아니고 변하거나 중앙집중식으로 콘트롤 된다고 봐야 할 것이다. 라스베가스에서 보이는 슬롯머신의 패턴들은 다음과 같다.

1) 시작하자마자 30% 정도 이득을 주는 기계가 있다. 이를테면 100불 지폐를 넣고 스타트하면, 몇 번안되어 전체 머니가 130불 정도 된다. 이때 일어서버리면 되는데 (조금만 더하는 마음으로) 일어서는 게 쉬운 일은 아니다.

2) 우선 처음에 넣은 단위 역시 예를 들어 100불을 넣었으면, 잃게 만들고 그 후의 시상(프리휠 등)은 박하게 자주

준다. 본전 생각 때문에 계속하도록 유도하는 것이다.

3) 주었다 말았다 하지만, 역시 본전에 미달하게 만든다. 심리적으로 열 받아 풀베팅을 하도록 유인하여, 결국에는 진공청소기처럼 큰돈을 빨아들인다.

4) 시작한 지 얼마 안 되어 약간 큰 이득을 준다(투입한 금액의 2.5배 정도?). 행운이다. 아주 드물게 주는 이런 것을 맛보면, 그 기대감 때문에 슬롯머신의 노예가 된다. 곧 중독되듯 두고두고 그것에게 돈을 뜯긴다.

5) 끝없이 몇 시간이고 계속하면 투입한 금액의 80% 정도까지(갑자기 기계가 미친 듯이 올파일 및 프리휠 등 큰 시상) 오늘며 곧 잭팟이 되어 나타난다. 하지만 1,000불 이상의 금액이 되면, 큰소리가 나며 기계가 멈추면서 직원이 와서 현금으로 시상하게 되어 있다. 곧 핸드페이라 해서 손바닥에 전달하여준다.

그뿐만 아니라, 네바다법상 이 경우 세금을 30% 떼

며 아이디(외국인인 경우 여권)를 보여 달라느니 법석을 떤다. 곧 3,000불을 장시간에 죽어라 집어넣고 2,400불이 당첨되지만, 세금을 제하면 1,680불을 손에 쥐게 된다.

손을 펴고 받을 때 완전한 승리감이라곤 전혀 없던 기억이 있다. 슬롯머신이 콘트롤된다는 것을 느낀 경험은, 직원이 미리 근처에 현금까지 들고 와 있다가 핸드페이(Hand Pay) 잭폿을 맞은 예도 있었기 때문이다.

6) 최악의 경우로서 기계가 돈만 받아먹는 것이다. 장시간 끝없이 집어넣는데 프리휠은 터지지 않고, 유혹의 그림의 패턴은 보여주며 마치 기계가 낚시하는 느낌이 든다.

이를테면 해마가 연속 3개이면 프리휠이라 하면 (그리고 4개면 또 대박인 기계라 치면)

그리고 그다음 판에는
🐟 식으로 나타나는 것이다.

계속 행운(이라기보다 다소라도 만회)을 기다리며, 끝없이 돈을 집어넣는 플레이어는 안달이 나다가 심정이 점점 황폐해진다. 신용카드로 더 뽑아오고, 주머니 속의 20불, 5불, 마지막 1불까지 슬롯머신에 집어넣는다.

그리고 결국, 날려버리게 된다. 이른바 새 되는 것이다.

오링된 신세! 거대한 아메리카, 넓은 카지노 떠드는 군중 속에서 혼자서 비참함의 접시를 핥는다. 그 심정 표현할 길 없다.

결국, 이런 스타일의 기계는 최저 단위(10불~100불)만 한다고 생각하여 잠깐 즐기는 것이 최상책이다. 누가 로또복권을 수십만 원어치 사겠는가(로또복권의 확률은 부록에). 심심풀이로 오천 원, 만 원어치 아니면 아예 안 사는 방법이 바람직함을 누구나 알 것이다. 수학에서는 확률이 낮은 것은 수없이 계속하면 제로에 가까워지며 그런 것을 수렴이라고 한다.

솔직한 고백이지만, 나로서는 슬롯머신은 하고 싶지 않은 게임이다.

2) 룰렛

룰렛은 그리스 로마시대에 시작됐다는 설(마차 바퀴에 단검을 던진다든지)이 있을 정도로 전통적인 게임이다.

'절규'로 유명한 화가 뭉크(E. Munch 1863~1944)도 몬테카를로 카지노에 출입도 하고 '룰렛 하는 사람들'이란 다소 사실적인 그림도 남기고 있다. 영국의 위대한 수상 처칠(W. Churchill 1874~1965)에게 누군가가 "다시 태어난다면 하고 싶은 일?"을 물어보니(웃으라고 했겠지만), 몬테카를로 카지노에 가서 블랙이 아닌 레드에 걸겠다고 말했다고 전해진다. 룰렛게임에서 빨간색에 걸겠다는 것이다.

유럽에서는 바카라테이블은 별로 없는 반면 이 게임이 일반적으로 행해지고 있다. 그곳의 카지노 자체가 도박장 개념도 있지만, 일종의 사교클럽 역할을 하는 데 의미가 있다. 실력보다도 운을 따르는 경향이 많다. 이 게임을 중시하고 이것에 크지 않은 돈을 걸면서 즐기는 게 보통인

Roulette game. pen&watercolor on paper. 190x125mm

것이다. 또한, 카지노도 고급스럽고 규모도 작은 게 보통
이다.

반면에 라스베가스에서 룰렛은 넓은 카지노에서도 극히
일부분을 차지할 뿐이다.

수많은 포커나 블랙 잭 테이블들과 비교하면 더욱 그
렇다. 어떤 때보면 크랩(craps)이라는 주사위게임 테이블
보다도 사람이 적게 있는 것을 목격하게 된다. 보통 유럽
식은 1~36 외에 0이 하나만 있는데, 미국식은 0, 00가 있
어서 카지노 엣지(Edge)가 더 크다고 얘기한다(카지노가
더 뜯어간다는 것이다).

다시 얘기하면 유럽식은 숫자가 37개여서 카지노 하우
스 어드밴티지(House Advatage)가 2.78%인 반면 미국식
은 38개이므로 카지노 어드밴티지는 5.26%나 된다.

보통 유럽은 미국식과 달리 보조직원이 있으며 레이크
(Rake)라는 막대로 칩을 거둬들인다.

monte—carlo. ink & watercolor on paper. 36x24.5cm. 2019

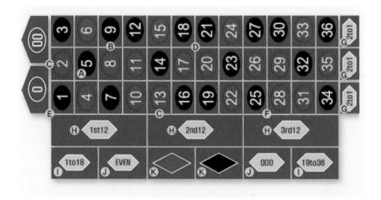

룰렛에 베팅하는 것들의 종류를 보자

A는 스트레이트 업(Straight Up)이라 하며 숫자 하나에 베팅하는 것으로 당첨 시 36배를 받는다.

B는 숫자 두 개에 베팅하는 것으로 스플릿(Split)이라 하며 18배를 받는다.

D는 4개의 숫자를 커버하며 코너(Corner)라 하며 9배를 받는다. (Square bet)

C는 3개의 숫자에 베팅하는 것으로 12배를 받는다. (Street bet)

E는 퍼스트파이브(First Five)로 0, 00, 1, 2, 3 다섯 숫자에 베팅, 당첨시 7배를 받는다.

F는 여섯 군데에 베팅하는 것이며 식스웨이(Six Way)라하고 6배를 받는다.

G는 컬럼 벳(Column bet)이며 각각 3배를 받는다.

H는 더즌(Dozen)이라하며 3배를 받는다.

I, J, K 공히 아웃사이드 벳(Outside bet)이며 각각 2배를 받는다. 하이 로우벳, 컬러벳, 짝 홀수벳들이 그것들이다.

지금부터 10년 전, 설 연휴 때였다.

나는 혼자서 이스라엘여행을 하였고 스쿠버다이빙을 하려고 홍해를 찾았다. 그때만 해도 이동하면서 호텔이나 항공 예약하던 시절은 아니었다. 출발하기 전에 호텔과 비행기 표, 비자 여부를 다 확인하고 외국여행을 하는 게 보통이었다.

한밤중에 텔아비브 벤구리온 공항에 내렸던 나는, 근처 호텔에서 눈을 붙이는 둥 마는 둥 새벽에 깨어나 다시 국내선을 타러 나갔다. 입국 때와 달리 비행기를 타려니 휴대하고 있던 수중 카메라(니코노스RS라는 필름 사용하

는 카메라는 스트로브와 세트 전부 트렁크 가방 하나였다)
때문에, 이리 가라 저리 가라 하며 사람을 무척 피곤하게
했다.

그러나 결국 올라탄 LY401 에일라트행 작은 비행기는
순항하였고 날씨도 좋았다.

창밖으로 정착촌과 푸릇푸릇한 야산이 보이더니 장대한
광야가 보였다(라스베가스가 있는 네바다주 비슷한 느낌).

네게브사막 멀리 시나이반도는 끝없이 이어진 산과 언
덕 그리고 골짜기를 이어주는 하나의 선이었다. 구약시
대 모세가 유대민족을 이끌고 수십 년 방황하던 곳. 곧 성
경의 무대라 생각하니 비행기 좌석에서나마 감개무량하
였다.

에일라트공항에서 택시를 타고 타바(Taba)의 힐튼호텔
가자고 했더니, 이집트 국경에 내려주고 돌아간다. 무거운
가방을 끌고 걸어서 이스라엘, 그리고 이집트 검문소를 통
과하여 걸어서 호텔 입구까지 갔다. 수중카메라를 처음 보
는 경비원 때문에 들어가지 못했다. 서로의 영어를 못 알

아들고 몇 번씩 설명했지만, 호텔 예약서류까지 보여줘도 막무가내였다. 나는 거의 멘붕상태까지 이르렀다.

아침 점심 모두 거르고 한 시간이나 옥신각신하다가, 호텔 근처 다이빙샵 이집트인 직원이 와서야 겨우 들어갈 수 있었다. 이미 모든 게 늦어버린 시간이었다. 그날 오후는 호텔 안에서 그냥저냥 하는데, 그곳에 작은 카지노가 있었다. 호텔 자체는 시나이반도 반환 전 이스라엘 영토일 때 세워진 곳이었다. 그래서 그런지 손님들도 대부분 백인 중심 휴양객들.
그곳에서 룰렛을 하였는데 돈을 따서 그곳의 보석가게에서 닻(앵커) 모양의 순금 장식품을 산 기억이 있다. 게임이 목적이 아닌 다이빙 여행 중, 그저 즐긴다는 마음으로 가볍게 하였기 때문에 승리한 것임이 틀림없다고 생각한다.

훗날 몬테카를로에서도 지나는 길에 인사이드 몇 곳에 10유로 칩을 놓았는데 당첨되었다. 그 때문에 그곳 플레이어 시선을 끈 일도 있는데 큰 의미는 없는 일이다. 우연이기 때문이다. 다만 지나가는 길에 가볍게 하는 룰렛은 대체로 덜 손해를 보게 된다. 라스베가스에서도 바카라를 하다 쉴 때만 종종 룰렛을 하게 되었다. 오랫동안 그리고 주도면밀하게 룰렛게임을 해온 사람들에 비하면 나는 부족하겠지만, 경험이나 보고 들은 것들을 적어본다.

룰렛의 요령

1. 모든 게임에서 통용되는 금언이지만 룰렛게임에서 가장 중요한 세 글자는 HNR이다. Hit and Run 인사이드에 당첨되는 행운이 있거나 조금 따게 되면 그곳을 벗어나야 한다. 룰렛은 카지노의 하우스 엣지가 크므로 오래 할수록 게이머가 불리하다.

어떤 곳에 베팅하든 기댓값은 92.1~ 94.7%에 불과하다.(룰렛의 여러 가지 베팅에 따른 기댓값은 부록 참조)

2. 혼자만 해서는 안 된다.

오래전 라스베가스 윈 테이블 룸 안에서의 일이다. 바카라를 오늘은 하지 말아야지 생각하고 있던 상황이었다. 미니멈 벳이 큰 룰렛 테이블 이 몇 개 있다. 돈이 두둑했던 나는 그곳에서 혼자서 심심풀이로 좀 해보자 하고 관찰해보았다. 18 이상 큰 숫자가 나온 지 꽤 된 것 같아서 3rd 12(24-36)에 좀 베팅했다. 7이 나왔다. 이런 하고 마틴게일 식으로 다시 24-36 에 베팅하고 18-36에도 베팅했다. 혹시 해서 0에도 칩을 좀 놓았다. 다시 7이 나왔다.

조금 열 받기 시작했다. 베팅을 이제 안 할 것같이 하다가 주사위(룰렛볼)를 던지고 나서, 잠깐 사이(종을 치기 직전에) 다시 18-36에 지금까지 밑진 금액만큼 놓았다. 또 7이 나왔다. 딜러도 나도 좀 상기되었다.

나는 매운 것 잘 먹고 열 잘 받는 진정 한국인이란 말인가. 분노 관리(영어로는 틸트라고한다.)를 망각해버린 것이다. 이제 마지막 나는 올인.

그러나 낮은 숫자, 그것도 7이 나온 것이다.

꼭 같은 숫자 7이 네 번이나 연속해서 나온 것이다. 나

135

는 망연자실하였고 중년의 남자 딜러는 표정 관리하고 있었지만, 쾌재를 불렀을 것이다.

같은 숫자가 나온 것은 우연이라 하더라도 라스베가스의 딜러들은 어느 구역(몇 개의 숫자 군)으로 룰렛 볼을 보낼 수 있는 것이다.

혼자만 한다면 그는 훨씬 자유자재로 다음 번호를 조절하게 되므로 결과는 명백한 것이다.

3. 룰렛 회전판 숫자에 대해 사전 이해가 필요하다.

룰렛 번호의 구성을 우선 살펴본다. 미국식이라고 다 같은 것은 아니다.

초보자들은 1과 2나 3이 가까운 것으로 생각하기 쉽고, 낮은 숫자, 높은 숫자식으로 생각하기 쉽다. 하지만 룰렛은 숫자 군으로 이해해야 하고, 룰렛딜러들도 볼을 의식적으로 군집단위로 내려고 애쓰는 것이다. 그래서 진정 룰렛으로 작으나마 재미를 보고 싶다면 이웃 숫자들을 이해해야 한다.

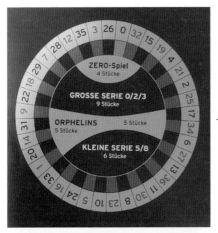

유럽시(독일의 룰렛)

뉴욕 뉴욕, 0,00 외에
먹통이 하나 더 있다.

시저스 팔레스 룰렛회전판
숫자의 배치가 다르다.

12	35	3	26	0	32	15	19	4
5	24	16	33	1	20	14	31	9
15	19	4	21	2	25	17	34	6
7	28	12	35	3	26	0	32	15
0	32	15	19	4	21	2	25	17
30	8	23	10	5	24	16	33	1
2	25	17	34	6	27	13	36	11
9	22	18	29	7	28	12	35	3
13	36	11	30	8	23	10	5	24
1	20	14	31	9	22	18	29	7
11	30	8	23	10	5	24	16	33
6	27	13	36	11	30	8	23	10
18	29	7	28	12	35	3	26	0
17	34	6	27	13	36	11	30	8
16	33	1	20	14	31	9	22	18
3	26	0	32	15	19	4	21	2
23	10	5	24	16	33	1	20	14
4	21	2	25	17	34	6	27	13
14	31	9	22	18	29	7	28	12
26	0	32	15	19	4	21	2	25
24	16	33	1	20	14	31	9	22
32	15	19	4	21	2	25	17	34
20	14	31	9	22	18	29	7	28
36	11	30	8	23	10	5	24	16
8	23	10	5	24	16	33	1	20
19	4	21	2	25	17	34	6	27
28	12	35	3	26	0	32	15	19
25	17	34	6	27	13	36	11	30
22	18	29	7	28	12	35	3	26
31	9	22	18	29	7	28	12	35
27	13	36	11	30	8	23	10	5
33	1	20	14	31	9	22	18	29
35	3	26	0	32	15	19	4	21
10	5	24	16	33	1	20	14	31
21	2	25	17	34	6	27	13	36
29	7	28	12	35	3	26	0	32
34	6	27	13	36	11	30	8	23

룰렛의 Neighbours(이웃숫자)

예를 들어서 20이 나올 것 같다면 그 옆의 1과 14도 베팅숫자 후보 순위가 되는 것이다

물론 이것을 암기한다면 금상첨화일 것이다.

일이공일사 삼일구 둘둘일팔 이구칠이팔식으로 구구단 외듯이…….

4. 아웃사이드 베팅은 꺾는 쪽에서 하지 말고 올라타라는 말이 있다.

레드가 나왔다고 그다음 블랙이 나온다는 그런 것은 어디에도 없다. 모든 주사위는 기억력도 동정심도 없다(룰렛 볼도 마찬가지이다).

결국 1/2에 달한다는 대수의 법칙은 우리의 인생과 너무나 빈약한 시행횟수에는 해당하지 않는다. 차라리 레드가 나오면 레드에, 홀수가 나오면 홀수에 그런 식이 나을지도 모를 일이다. 실제 나오는 것을 보면 같은 쪽이 계속되는 것을 자주 볼 수 있다.

이렇게 하면 결정하는 것을 단순화시킬 수 있어서 편하다. 계속 안 나왔으니까 나오겠지 하는 식의 베팅 때문

에 나도 애를 먹어본 경험은 많다.

5. 인사이드 베팅에서 나왔던 숫자 보여주는 것을 이용해본다. 맨 아래 두 번째, 세 번째 숫자를 베팅하여 성공할 때도 종종 있다.

6.자기가 좋아하는 숫자(생일, 친한 사람들의 생일, 기타 그날 겪은 일과 관련되는 우연의 숫자) 8~9군데를 베팅하여 hit되면, 기분이 up될 것이며 딜러가 내가 가려는 숫자를 짐작하기 힘든 장점이 있다.

7. 무심코 룰렛볼을 던지는 딜러를 만날 (쉬면서 관찰해보면) 때가 있다. 이번 그리고 그다음 숫자의 간격이 같은 패턴을 이루면, 그것을 계산하여 몇 군데 베팅하는 지표로 삼을 수 있다.

8. 시작할 때는 언제나 가장 적은 금액의 칩으로 바꾸어서 한다. 칩수가 많을수록 마음이 든든해지는 효과도

있다.

9. 유럽에서 하듯이 쉬면서 느긋하게 즐기는 것이 아니면 오래 게임을 하면 안 된다.

10. 잘나오는 숫자가 반복될 수 있듯이 안 나오는 숫자(콜드 넘버)에 기대하는 것은 바람직하지 않다.

11. 0에서 36까지 베팅을 편하게 할 수 있는 중간 자리에 앉아서 하는 것이 좋다.

12. 룰렛 테이블마다 미니멈벳이 다르고 숫자배열도 다르므로 관찰 후 게임을 한다.
이웃 번호를 외우거나 익히지 못했다면, 스코어카드를 달라고 하여 참고하고 메모하면서 베팅한다.

여러 가지 해프닝들

윈 카지노에서 마틴게일 벳의 실패

아까 언급한 것이다. 딜러의 실력인지, 우연도 간섭하는지, 둘 다인지 모르지만, 7이라는 숫자가 네 번이나 연속해서 나온 것을 직접 목격하였다. 딜러들은 스핀이나 강약조절, 오랜 숙련에서 오는 감각을 통해 룰렛볼을 원하는 구역으로는 보낼 수 있을 것이다.

G카지노에서 룰렛

내가 좋아하는 숫자 18에 지속해서 베팅할 때, 당첨되었는데 메모하느라 한눈팔 때 칩을 걷어 가버렸다. 나는 항의했고 매니저가 CCTV 확인하고 와서 베팅을 안 했다고 했다.

내가 실수한 것일까(물론 나는 여러 가지 이유에서 그런 경우 악착같이 따지는 것보다, 그냥 넘어가는 스타일이다. 나의 작은 이익보다 그들의 체면, 카지노의 입장을 생각하고 후일을 도모한다)? 카지노가 잡아떼는 것일까? 집중을 잠시라도 안 하면 안 된다는 교훈을 얻었다.

엠지엠 코타이 카지노에서

오래전의 일이다. 1-12 아웃사이드 빅벳을 마틴게일식 세 번이나 하다가 포기하고 먼발치서 보니 그곳(1-12)이 나오는 것이었다. 나는 아쉬워했는데 룰렛테이블의 딜러와 직원들 표정은 고소해하는 것 같았다.

역시 오래전의 일이다. Marina Bay Sands에서

인사이드를 지속해서 같은 곳 베팅하고 있는데 당첨이 되었다. 그런데 딜러가 나의 칩이 라인을 터치했다고 36배 대신 9배 시상하는 것이었다.

내가 항의하자 매니저가 와서 판정을 내리는데, 딜러의 결정이 맞는다고 판정을 내리는 것이었다. 화면을 찾아보라. 나는 몇 차례 계속해서 그 번호에 인사이드 베팅하고 있었다고, 몇 번이나 설명해도 통하지 않았다. 열을 받으면 그만해야 하는데 바카라테이블에 가서 카지노에 복수하려는 생각이 들었을까? 조급하게 하니 역시 죽을 쑤어버렸다.

MGM그랜드에서 최근의 일이다.

룰렛에 나와 키 큰 흑인 청년이 플레이하고 있다.

나는 평소처럼 5불 칩 400개 정도까지고 있고, 그는 25불 칩 30개, 100불 칩(블랙) 10개, 천불 칩(옐로우) 2개, 500불 칩(퍼플) 4개 정도 꽤 가지고 있었다. 나는 평소대로 인사이드 8~9군데(보통 선호 숫자는 0,3,5,7,9,12,18,24,29)와 가끔가다가 아웃사이드 칩 4개(20불)를 베팅하고 있었다. 그는 블랙(100불) 칩 하나를 레드나 블랙, 혹은 홀수나 짝수에 베팅하였다.

그는 조금 따고 있는 것 같았다.

그러던 때 딜러가 룰렛볼을 던지고 회전판은 돌아가기 시작하는 중, "노우 모어 벳" 코멘트 시작하려는 찰라, 그 청년이 자신의 모든 칩을 우르르 전부 레드에 밀어 넣는 것이었다. 나도 놀라고 딜러도 의아해하는데 정작 볼은 26번 블랙에 멈추는 것이었다.

망연자실! 영국의 유명한 도박사가 룰렛에서 엄청난 돈

을 그런 식으로 걸어서 이겼다는 얘기는 어디서 들어본 것 같다. 아 '충동'이란 카지노 귀신이 그의 마음을 움직인 것인가. 한참이나 그는 테이블을 떠나지도 못하고 아쉬워하는 것이었다.

Baccarat game, pen&watercolor on paper, 190x125mm

3) 바카라

이모저모

엠지엠 그랜드에서 죽치고 머물고 있을 때 간혹 바카라 테이블이 있는 룸에 가서 플레이를 하곤 하였다. 그 룸의 이름은 더 맨션(The Mantion)이다.

블랙잭 테이블이 두 개 있는 반면 바카라 테이블은 7개나 있었다. 테이블 전부에서 플레이하는 것을 본 것은 드물었으니 손님이 많은 편은 아니다. 특이한 손님이 있었는데 나와 세 번이나 마주쳤다. 매우 크게 플레이하는 그는 한 번에 크게 할 경우 베팅을 몇만 불씩 하곤 하였다. 그 정도 규모로 게임하는 사람이라면, VIP룸에서 충분히 할 수 있다. 그런데 나 정도 소액(?)을 가지고 하는 사람의 테이블을 기웃거리는 것도 이상하지만, 인상부터 기이하였다.

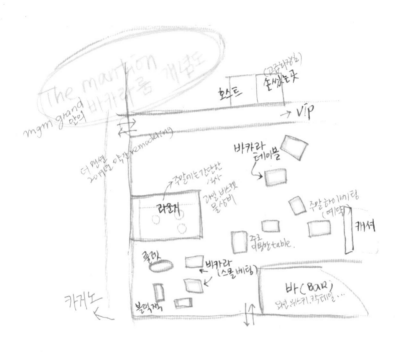

한번은 젊은 여자 둘을 데리고 왔었다. 두 번은 부인인 듯한 사람과 왔으며 딜러의 귀띔으로 중국인이라는 것을 알았다. 내가 기를 쓰며(각성하고 게임을 하다 보면 누구나 피곤하게 마련이며, 우리는 그때 기를 소모한다고 보통 말한다.) 100, 200 베팅을 하고 있으면, 쓰윽 나타나서 척 보고 나와 같은 곳에 5,000을 베팅하여 먹고 그러는 사람이었다.

인사를 하거나 사람을 봐도 눈도 안 마주치는 존재인데 나이는 내 또래 혹은 좀 더 먹었을까? 히뜩히뜩 쳐다보며 게임하는 그가 해탈한 경지의 사람인지 아니면 무슨 동물 같은 인상이었다. 꼭 거북이 얼굴 같은 모습이었다. 어쩌면 신경 안 쓰고 승률을 유지하려고(남의 신경 쓴 결과를 이용하는지도) 그러는 것인지도 모른다.

정작 그런 존재 때문에 내 게임을 망쳐보기도 했다. 큰 베팅을 옆에서 퍽퍽하면, (그런 발란스 안 맞는 사람과 같은 테이블에 있으면) 적은 돈을 가지고 게임을 즐기는 사람은 김이 새게 마련이다.

또 한번 나는 라스베가스 현지에 산다는 한국 청년과 같이 사이좋게 게임을 하고 있는데, 거북이(?)가 또 나타났다. 나는 휘둘리지 않고 그를 관찰하듯 내 페이스를 유지했지만, 아무리 봐도 신경이 거슬리게 플레이를 하는 것이었다.

한번은 청년이 200을 뱅커에 먼저 베팅했다. 갑자기 거북이가 그것을 제 손으로 치워 취소시키고 마커까지 더 받아 플레이어에 십만을 베팅하여 져버렸다. 한국 청년은 불평하고 한국 딜러는 그가 이겼으면 천을 줬을 거라며 달랬다. 이래저래 김이 샌 거북이는 한 십오 분 사이에 몇십만을 잃고 사라져버렸다.

돈 많고 베팅 크게 하는 사람을 대접하는 것이 카지노이다. 그렇지만 다른 소박한 플레이어의 베팅까지 좌지우지하는 것은 부당하다고, 딜러에게 술까지 마시게 하며 게임하던 한국 청년은, 약간 흥분하여 시끄럽고 제멋대로 플레이를 하였다.

거북이가 사이드베팅에만 2~3천 그리고 5만 이상의 빅베팅을 할 때 반대쪽에 소액을 가는 나는 말해주었다. 실제 그 거북이는 딜러카드까지 본인이 쪼으기도 하고, 교대하러 온 딜러를 싫다고 거절하기도 하였다(게임 운영권에 간섭하는 것이다).

하지만 돈이 많거나 그 카지노의 권력자라 하더라도 실제 거북이보다 나은 존재인지 의문이 들었다.

흑인 여자

엠지엠의 더맨션 바카라 테이블에 내 옆에서, 한 흑인 여자가 앉아서 플레이를 하고 있었다.

몸집도 크고 눈도 큰 흑인 여자. 그녀는 여러 카지노의 5불 칩으로 장식한 자작의 투명한 플라스틱 케이스를 앞에 놓았다. 그 안에는 블랙칩(100불) 10개 정도 그린칩(25불) 8개 핑크색(5불) 4개 정도 있었다. 그 정도의 시드머니는 이곳 미니멈벳이 100불인 테이블에서는 아주 작은 것이었다.

몇 시간이 지나도 띄엄띄엄 베팅하는 그 여인의 칩은 늘지도 줄지도 않았다. 그러다 나는 방에 와서 한숨 자고 다시 가보니 그 자리에 앉아서 계속 게임을 하고 있었다. 카지노 직원이 추워하는 그녀에게 하얀 쇼울(모포같은)도 가져다주었다. 내 일행 K사장은 아침 식사를 불러 먹을 때 그녀의 몫도 챙겨주었다.

그리고 또 다음날 새벽에 내가 가보니 흑인 여자는 그때도 게임을 하고 있었다. 이틀 밤 그 돈으로 버티던 50대의 그 여인의 눈은 약간 풀려있었다. 미니멈 벳 할 수 있는 블랙 칩은 없고 그린칩으로 내가 베팅할 때에 한두 개 업어서 갔다. 내가 다행히 이기는데 힘입어 두어 시간 후 그녀는 본전쯤 하더니, 나에게 정중하게 인사하고 돌아갔다.

그 흑인 여자는 진정 게임을 즐기는 사람일까?

카우보이 모자

"하아유 어쩌구"하면서 옆자리에 멀쑥한 백인 청년 혼자서 100불 그리고 100불 베팅하며 게임을 하고 있었다.

그는 모자를 손에 들고 있고 그 곁에 같은 카우보이모자를 쓴 그의 친구인 듯한 사람이 앉아 있디. 그림의 상황은

● 뱅커 ● 플레이어

● ● ●

그리고 처억 보더니 달랑 하고 들고 온 거액(이천오백불) 칩 두 개 베팅했다.

플레이어가 (계속) 네 번째 나와서 우리 둘 다 이겼다.

● ● ● ● ●

나는 그저 300불을 먹은 상태에서, 다시 100불.

그는 거액 칩 두 개를 다시 걸었다. 또다시 플레이어 둘 다 승리.

● ● ● ● ●

그러고 나서 그는 칩 하나 나는 100 이번에는 뱅커가 이겼다.

● ● ● ● ● ●

그는 쉬고 나는 또 P에 베팅 먹고 일어섰다.

● ● ● ● ● ● ●

아까 잠깐 사이 수입은 그는 10,000불, 나는 500불.

그 후 그 결과는 나도 모르겠지만, 그가 부럽지도 않았고 그럴 수도 있지 하는 생각이 들었다.

카지노의 시스템

카지노는 그야말로 감시의 시스템이다.

분대장, 소대장, 중대장 등등, 군대의 직제와 비슷하다고나 할까? 고객을 딜러가 상대하며 감시한다. 감시라는 표현이 좀 그렇지만 테이블에서 핸드폰이라도 받으려면 바로 지적한다.

딜러(Dealer)를 사원이라면 그 위에 직원(Super Visor)이 있고, 그를 매장 관리자(Floor Person)가 감독한다. 그 위에 핏보스(Pit Boss)가 총괄하며 다시 중간 지배인이 결정, 감시하고, 그런 모든 것을 지배인이 총괄한다.

그 위에 사장(President)과 카지노의 이사회, 그룹 기획실 관계자가 이런 모든 동정을 살필 것이다. 천정에는 하늘의 별처럼 크고 작은 카메라(CCTV) 렌즈가 빽빽하게 박혀, 카지노를 테이블과 손님들 동작들을 내려다보고 있다.

엠지엠 그랜드에서의 일이다.

캐셔에서 오래전의 시티은행 여행자수표를 300불 정도 현금으로 교환하였다.

그 이틀 후 잠깐 룰렛을 하고 칩을 바꾸러 그곳에 갔는데 내 이름을 부르더니 사진을 현상한 종이를 보여줬다.

이틀 전 여행자수표를 바꿀 때의 내 모습. 다시 내 인상착의를 확인하더니, 기다리라고 한다. 다른 사람이 현금 450불을 가지고 와서 나에게 주며 설명을 해준다. 50불 수표 여섯 장이 아니고 50불 다섯 장과 500불 수표였던 것. 정직하게 돌려줘서 나는 횡재한 기분이었지만, 우리들 모든 동작들이 카메라 렌즈 속에 담기는 것이다.

카지노는 돈이 많다.

테이블과 각종 머신에 쌓여있고 삼켜지는 돈들을 상상해보라. 라스베가스의 카지노호텔은 한 곳만 해도 투자비는 상상을 초월한다. 근년에 지어지는 것들은 예를 들어 윈, 앙코르만 해도 2조(₩2,000,000,000,000)를 상회한다. 직원들은 딜러에서부터 청소부까지 바글바글하다. 또 투자한 돈과 그들의 급여를 주려면, 돈을 벌어야 하는 것이 카지노이다.

내가 돈을 따면 오히려 그들은 식사를 제공하고 룸을 무료로 준다.

고마워서가 아니라 게임을 해 달라고, 가지고 있는 돈을 져달라 이것이다. 평일보다 주말에 가까워지면(금요일 저녁이 되면), 바카라 게임룸에도 손님이 북적거리기 시작한다. 아울러 바카라 게임의 패턴 곧 그림이 달라진다. VIP룸은 더욱 베팅 액수가 크니 더욱 그렇다. 프라이빗 테이블(개인이 혼자 예약한 테이블)도 마찬가지이다.

손님 개개인의 베팅 습관, 그림 이해도는 물론, 끼리끼리 하는 습관까지 모든 자료를 가지고 있는(연락처, 본국의 집 주소까지) 것이다.

마카오보다는 라스베가스는 밑줄 내리는 것이 적고 짧은 편이다. 필리핀의 '세븐 어웨이'란 말처럼 일곱 개 이상 플레이어나 뱅커가 연속되기 힘들며 불규칙해진다. 그림이 어려워지다 보니 '강제출목'이니 나올 듯할 때, 거스르는 그림과 세 번째 카드로 지는(이른바 뒷발치기) 등 흥분하기 쉬운 카드의 배열도 있다고 느껴진다.

강제출목이란 이런 원리이다.

곧 어떤 카지노에선 콜드 덱(Cold deck)을 만들 수도 있을 것이다. 그 카드는 별도로 운반되어 딜러에게도 알려준다. 경우에 따라서, 섞은 카드와 달리, 만들어놓은 카드를 별도로 관리하여 게임에 사용하는 것이다. 라스베가스에서는 이런 식을 한다고 생각하지 않는다.

하지만 그 외의 합법적인 방법이나 모든 연구를 카지노에서는 하고 또 할 것이다.

딜러의 실수는 손님에게 유리한 쪽으로 하지는 않는다.

고의가 아니라고 생각하지만, 그들은 그들대로 손님을 이기려는 압박감이 있는 것일까. A 카지노에서의 일이다. A호텔은 M그룹의 호텔 중에서도 가장 최신이고, 바카라룸도 매우 멋있게 되어있는 곳이다.

2019년 12월의 일이다.

바카라룸에서 플레이를 할 때였다. 딜러는 키 큰 백인 아저씨.

출목표 앞부분 생략하고,

놀랄 일이 벌어졌다.

플레이어 나오고 뱅커 플 뱅뱅 플플 인 상태에서 모니터에 플레이어 승이 표시가 안 되었다.

내 옆에서 하던 K씨가 딜러에게 주의를 시켰다. 뒤숭숭한 가운데 타이가 나왔는데 K씨가 타이에 베팅한 칩을 쓸어 가버린 것이었다. 뭐라고 그러자 딜러가 "돌려주면 될 거 아냐" 하는 식으로 말해 한바탕 소동이 벌어졌다. 한국인 판촉직원을 부르느니 마느니….

내가 겨우 말렸지만, 동양인을 우습게 본다는 것을 여기서 말하자는 것은 아니다.

카지노 직원들 모두 그들의 승리에 민감하다는 단적인 예이다.

바람직했던 한국인 부부

어바인(Irvine)에 사는 한국인 남자가 있다. 어바인은 캘리포니아 오렌지카운티에서 괜찮은 동네로 알려진 도시이다. 나보다 두어 살 위인 그는 회사원 생활에서 은퇴하고 바카라를 취미로 즐기는 것이다. 주말이면 부인(염색도 않고 수수한 스타일)과 함께 와서, 미니멈벳이 제일 작은 테이블(심지어는 본인이 카드를 까지 않고 딜러가 오픈하더라도)을 골라서 앉는다.

그들은 찔끔찔끔 베팅을 하며 하루 이틀 즐기듯이 게임을 하였다.

내가 쉴 때 룰렛을 하려 하니, 카지노앳지가 몇 %여서 해선 안 된다고, 오히려 내게 충고(?)를 한다. 생각해 보니 나름 내공을 갖춘 플레이어다.

카지노에서 목표 금액을 N이라 하고 이길 확률을 P라고 하면, N×P는 언제나 일정할 것이라는 가설을 내세워 본다. 무한한 시간과 경우로 보면 그럴 것이다. 여기에서

목표 금액이 크면 P는 작아지고 목표 금액이 작아지면 확률은 커질 것이다. 사실 수식이 아니고 게임 심리학적인 문제이다.

부부(심지어는 친구도)가 같이 해서는 안 된다는 게 바카라이지만, 그들의 경우는 예외이다. 서비스로 주는 음료를 즐기며 교대로 하기도 하고 느긋하다. 욕심을 내지 않고 게임을 하니 결과가 좋을 수밖에 없다. 이들 부부는 나에게 기분 좋은 표정으로 인사를 하고 차를 꺼내려 주차장으로 가는 것이었다.

바카라의 기본기

1. 바카라 게임의 카드받기

수많은 종류의 카지노 게임 중에서 아주 단순한 편이다.

뱅커와 플레이어 중 한군데 돈(칩)을 걸고 숫자가 높은 곳이 이기는 것이다. 카드 두 장의 숫자의 합 중에서 9가 가장 높은 것이나 우리나라 화투게임 가보와 비슷한 점도 있다.

각각 두 장만으로 승부가 날 수도 있다. 낮은 수의 경우 한 장을 더 받는 규칙이 있는데, 이것을 익혀 숙지해두는 것이 좋다.

오래전 라스베가스 A카지노에서 내가 겪은 일이다.

플레이어는 5와 10이므로 합이 5

다시 한 장을 받았는데 6이 나와서 합이 1이 되었다.

내가 베팅한 뱅커는 합이 6이므로 내가 이긴 줄로 착각
하였다.

하지만 뱅커도 한 장 더 받아야 하는 것이다.

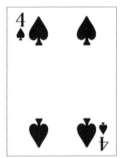

그런데 4가 나와서 지고 말았던 것
이었다.

그보다 후에 B카지노에서의 일.

플레이어는 합이 4이므로 당연히 한 장 더 받는다.

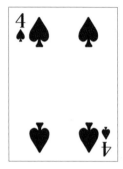 

내가 베팅한 뱅커는 합이 5여서 스탠드(대기)

플레이어 세 번째 카드가 가 나와서 합이 8이 되었다.

딜러는 이겼다는 듯이 나의 칩을 거두어가고 있었다.

그러나 나는 규칙을 생각해내었고 그것을 지적하자,

뱅커의 세 번째 카드를 꺼내어 나에게 주었다.

졌을 것으로 생각하여 쪼지도 않고 오픈하였는데,

가 나와서 내가 이겼다.

나는 딜러가 고의로 속이려 했다고 생각하지는 않았다. 다만, 실수하려는 것을 세 번째 카드 주는 것에 관한 규칙을 익혀 외우고 있었으니 바로 잡은 것이다. 딜러의 속임수나 실수 이전에든, 그 이전에 바카라 게임을 하면서, 누구나 그 정도 규칙은 누구나 숙지하고 해야 하는 것은 당연한 일이다.

카드 받는(drawing) 규칙은 다음과 같다.

추가방법 표	뱅커 최초 2장 카드 합계									
	0	1	2	3	4	5	6	7	8	9
플레이어 최초 2장 합계 0	둘 다 1매 추가			8 이외	2~7	4~7	6~7	플레이어 1매 추가	뱅커 승리	
1										
2										
3										
4										
5										
6	뱅커 1매 추가						비김			
7								비김		
8	플레이어 승리								비김	
9										비김

(플레이어 1매 / 추가카드가 아래인 경우 / 뱅커 1매추가)

플레이어의 경우, 받은 두 장의 합이 0,1,2,3,4,5인 경우 한 장을 더 받으며 6,7인 경우 기다린다(Stands). 8이나 9는 그대로 승부한다.

뱅커의 경우, 숫자에 따라 다소 복잡한데 처음 두 장의 합이 7인 경우 카드 안 받고 기다려 승부한다. 물론 8이나 9는 플레이어와 마찬가지로 그대로 승부한다(Natural).

두 장이 합이 3인 경우, 플레이어 세 번째 카드가 8인 경우에만 그대로 승부한다. 1,2,3,4,5,6,7,8,9,10인 경우에는 세 번째 카드를 받는다.

4인 경우 플레이어 세 번째 카드가 1,8,9,10이면 카드를 받지 않는다.

5인 경우 플레이어 세 번째 카드가 1,2,3,8,9,10이면 카드를 받지 않는다.

6인 경우 플레이어 세 번째 카드가 6,7을 제외한 1,2,3,4,5,8,9,10 모두 카드를 받지 않는다.

이상의 카드 받는 규칙에 따라 뱅커가 플레이어보다 이기는 경우가 확률상 높다. 그래서 카지노에서는 뱅커로 승리하면, 커미션을 떼거나 뱅커에 돈을 걸어서 6으로 승리하면 건 돈의 1/2만 지급한다.

2. 카드 쪼으기

뱅커나 플레이어 둘 중 한 곳에 자기가 베팅한 곳의 카드를 받고, 무성의하게 던지거나 뒤집는 것보다 정성껏 쪼아 보는 것이 좋을 것이다. 이겼을 때 한결 재미가 있어 즐겁게 게임을 하는데도 한몫할 것이다. 스포츠 시합들이 그렇듯이 흐름을 자기편으로 하는 데는 약간의 노력이 필요하다.

마술사가 제스쳐를 강하게 하는 것은 관중을 의식하는 것도 있지만, 자신이 집중하는 것을 위함도 있기 마련이다. 일부 중국인 겜블러처럼 카드를 찢을 듯이 구겨대거나 호호 불고 씹어 먹을 듯 심하게 할 필요는 없지만 말이다. 영어로는 짜내는 것의 의미인 스퀴즈(Squeeze), 일본어로는 시보리(絞り)라고 한다.

1) 먼저 세로로 쪼아본다.

그림처럼 하나가 보이면 2나 3이 나올 것이다.

두 개가 보이면 4에서부터 10가지 나올 것이다.

물론 왕관 같은 그림이 나온다면 J, Q, K 곧 10일 것이다. 아무것도 보이지 않는다면 A(1)임이 틀림없다.

2) 가로로 쪼으기

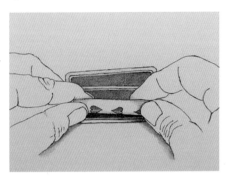

옆 방향에서 쪼으는 것이다. 무늬가 없으면 A,2,3이다.
두 개가 보이면 4나 5이고, 위 그림처럼 세 개가 보이면(쓰
리사이드, 쓰리라인이라고 한다.) 6,7,8이다.

물론 네 개가 보이면 9나 10이다.

가로로 쪼아볼 때 같은 방향이면 6이고, 반대 방향 무늬
있는 것은 8이다.

이런 식으로 카드를 쪼아볼 때, 두 장이 만드는 조합의
기대치가 각각 달라서 묘미를 느낄 수 있을 것이다.

3. 베팅하는 법

바카라 게임하는 사람들이나 그중에서도 고수(?)라는 사람에게 가장 중요한 것을 물어보면, 베팅의 강도를 선택하는 것이라고 답할 것이다. 자신만의 시스템이라고 이길 것 같을 때, 베팅양을 증가시키는 공식을 정하기도 한다.

마찬가지 대부분 바카라로 망하는 이유를 혹자는 먹을 때 적게 베팅하여 많이 먹지 못하고, 질 때 큰 베팅해서 날리는 것이라 한다.

그러나 그 누가 다음 패를 알겠는가?

하지만 오랜 시간에 걸쳐서 여러 사람들이 베팅하는 방법들을 고민했다. 이런저런 것을 정해 베팅양을 조절하여 때론 맞아 들었지만, 결국 좌절하였던 것이다.

이런 것들이 있다고 알아나 두자.

① 10% 베팅 시스템

가진 돈의 10%를 베팅하는 법으로 이길 때는 커지고 질 때는 작아진다.

가진 돈(칩)이 예를 들어 500불이라면,

회수	1	2	3	4	5	6	7	8	9
승 패	50 550	55 605 45	60 665 40	66 731 ---	73 --- ---	--- ---			

② 파롤리 시스템(Paroli System)

불어로 두 배를 건다는 뜻이다.

우리나라 사람들이 이길 때 업어 간다는 것과 유사하다.

이기면 애초의 베팅액과 배당금을 모두 투자한다는 공격적인 시스템이다. 8번을 이기면 256을 먹는다는 계산이지만, 눈덩이처럼 불어나 가다 지면 허망하기 짝이 없다.

5연승 이상이면 제자리로 돌아오는 것을 원칙으로 한다 (클럽파롤리 시스템).

회수	1	2	3	4	5	6	7	8	9
베팅	1	1	2	4	8				
누계	1	2	2	2	2				
승수	×	○	○	○	○				
배당	0	2	4	8	16				
수지	-1	0	2	6	14				

③ 마틴게일 베팅법(Martingale)

시골 잔칫날 모여 윷놀이할 때, 진 편에서 두 배를 실어 이른바 '곱타기'라 한다. 투자나 도박에 베팅하는 방법으로 원금을 보장한다고 해서 인기가 있는지 모르지만, 위험성이 커서 현실성이 떨어지는 베팅법이다.

6번을 계속 지면 10을 건지려고 640을 걸어야 하기 때문이다.

이른바 1, 2, 4, 8, 16, 32, 64, 128, 256, 512, 1024 …… 상상 외로 커지는 것이 마틴게일이다. 이런 식으로 점차 빅베팅을 하면, 카지노에서는 반길지도 모른다. 배짱이 있고 고집이 세면 더욱 큰 피해를 보는 것이 도박이라는 것을 명심해야 한다. 단기적인 게임에서 수학적 확률이 통하는 것이 아니다. 최대 베팅 한도에 가서(디퍼런스가 작아도, 커도) 위험하기도 하다. 디퍼런스에 걸릴 수도 있고, 그만큼 큰 실탄(자금)이 있느냐 하는 것도 부담이다.

④ 홍콩 크루즈(Hong Kong Cruise)시스템

마카오로 가는 홍콩의 배 안에서 중국인들이 생각해낸 시스템이라는 설이 있다.

마틴게일보다는 안정적이다.

판수	1	2	3	4	5	6	7	8	9	10	11
패배	3	4	5	7	9	12	16	21	28	37	50
승리	6	8	10	14	18	24	32	42	56	74	100

⑤ 켈리베팅 시스템

초기에 10을 베팅한다면 10 이기면 15를 베팅(지면 초기 벨인 10으로 돌아감), 이기면 30을 베팅한다. 연달아 세 번 지면 30을 잃으며, 세 번 이기면 45를 먹는다.

회수	1	2	3	4	5	6	7	8	9
베팅	10	15	30	45	70	100	---		

⑥ 피보나치(Fibonacci) 베팅법

피보나치는 수열을 연구한 이탈리아 수학자의 이름
이다. 앞의 두수의 합이 뒤의 수가 된다.

이기는 경우의 베팅은 다음 도표와 같다.

회수	1	2	3	4	5	6	7	8	9
베팅	1	1	2	3	5	8	13	21	34

⑦ 굿맨(Good man)시스템

연승시 리스크가 적다.

투자 시에 4회를 이기고 나면 5를 투자하는 것이 배당금
에서 투자하기 때문에, 누적수익률은 상승할 것이라는 이
점이 있다(초단타매매나 스켈핑매매에 적합).

5 베팅시 지면 본전.

회수	1	2	3	4	5	6	7	8	9
베팅	1	3	2	5	5	---			

⑧ 베네트법 (W.Bennett)

회수	1	2	3	4	5	6	7	8	9
베팅	1	3	2	6	---				

곱하기 3   곱하기 3

지면 1로 돌아간다.

⑨ 31시스템

31 유니트를 준비한다.

회수	1	2	3	4	5	6	7	8	9
베팅	1	1	1	2	2	4	4	8	8

⑩ 몬테카를로법

좀 복잡하지만 1,2,3에서 첫수와 뒤의 수의 합 4를 베팅한다. 표로 보면 아래와 같은데 승패도 시뮬레이션해본다.

회수	1	2	3	4	5	6
수열	1 2 3	1 2 3 4	1 2 3 4 5	1 2 3 4 5 6	(1 2) 3 (5 6)	3 4 7
베팅량	4	5	6	7	7	10
승패	×	×	×	○	×	×
배당	0	0	0	14	0	0
수지	−4	−9	−15	−1	−8	−18

회수	7	8	9	10	11	12
수열	3 4 7 10	3 4 7 10 13	3 4 7 10 13 16	(34) 7 10 (13 16)	7 10 17	(2 10 17)
베팅량	13	16	19	17	24	0
승패	×	×	○	×	○	
배당	0	0	38	0	48	
수지	−31	−47	−9	−26	22	22

그 외에도 1-3-2-6 시스템은 4회의 베팅이 완성되거나 지면 1로 돌아오는 식이며, 슈퍼 마틴게일 시스템은 1-3-7-15-31-63-127-255-511-1023식으로 나간다.

그 외에도 유럽수학자(주로 룰렛베팅법)의 것들이나 일본 사람들이 고안한 두어가지 베팅법들이 있다.

오스카 그라인드(Oscar's Grind) 시스템은 50년 전 도박사 오스카의 이름을 딴 것으로 한번 (아마도 왕창) 걸어서 이기면 사이클이 끝. 다시 시작하거나 지면 새로운 사이클이 된다.

그 모든 시스템이나 베팅법들은 연승을 하면 좋지만 계속 지거나 거액을 베팅하고 지면 어쩔 줄 모르거나 당황하게 된다. 이 점은 어떤 베팅법도 해결해 주지 못하는 것이다.

곧 시스템으로 베팅하는 법이 승리를 예약해주지는 못한다는 것이다.

바카라 요령

이러한 것들은 나의 경우에 유용하게 지켜나가는 것이나 참고하여, 각자 사정에 따라서 개선하면 될 것이다.

1. 시작하기 전에

1) 충분한 수면, 휴식을 취하고 규칙적으로 식사하며, 게임은 보통 식후 30분이 지난 후에 시작한다.

2) 자기 자신의 플레이에 자부심을 느낀다(자신감은 모든 일에 중요하다).

3) 용모를 단정히 한다. 가급적 샤워도 하고 한국인임을 명심하여 신사처럼 행동한다.

4) 한 시간 정도 게임을 하면 반드시 반 시간 정도 휴식한다.

5) 목표액 도달 시에는 반드시, 때에 따라서는 조금 미달하여도 중지한다.

6) 징크스에는 연연하지 않으나 혹 기분 상하는 일 있으면 플레이를 피한다.

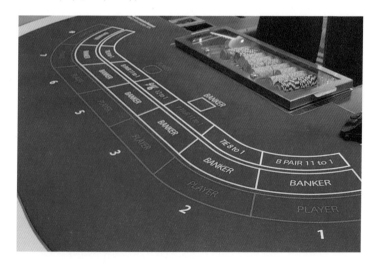

2. 게임에 임하며

1) 앉기 전에 모니터(스코어보드)의 그림을 보고 맘에 드는지 비추어 본다. 마카오같이 바카라테이블이 무수하게 많은 것은 아니지만 골라잡아야 한다.

좋은 그림이니 아니니 하는 것은 초보자들도 얘기하고 느낄 수 있는 것이다.

2) 모니터가 마주 보이는 가장자리, 예를 들어 모니터가 우측에 있으면 위 그림에서 7번 자리가 적당하다. 정면에서 보는 것은 균형 잡힌 감각을 줄 것으로 생각한다.

3) 빛을 안거나 눈부신 자리를 피한다.

그렇지 않아도 라스베가스는 건조하여 눈이 쉽게 피로해진다. 여러 명과 결투를 할 때는 벽을 등져야 하듯이(?) 카지노의 많은 전등들을 정면으로 마주치는 각도보다 사면으로 등지는 것이 당연히 유리하다.

4) 중앙자리에 앉거나 베팅을 크게 하여 게임을 지배적으로 하려는 생각을 피한다. 눈에 잘 안 띄는 스타일이 좋다. 자존심을 내세우는 것이나 남에게 보이려는 것 자체가 어리석은 일이다.

5) 인상 나쁜 플레이어의 옆자리는 피한다. 헤프게 보이는 젊은 여자는 말을 걸거나 신경 쓰이게 할 것이다. 자신이 남을 남의 말 거는 것을 무시하는 스타일이 아니라면 더욱 그렇다.

베네시안 카지노에서의 일이다.

다른 좌석도 있는데 미국 남자와 나 사이에 가죽 잠바를 입은 멕시코사람 비슷한 인상의 젊은 남자가 앉았다. 헤어스타일은 올 백으로(무스 같은 것으로) 능글능글한 인상. 말을 걸기에 한국인이라는 것을 알았다. 내 담배를 두 번이나 얻어 핀다.

건달이나 앵벌이가 아닐까 생각되는 것은 자연스럽지만, 아니라면 동포에게 결례도 될 것이다. 하지만 필리핀 같은 데서 수없이 당하는 일들이(라스베가스에는 드물지만) 떠오른다. 내 머릿속에서 복잡한 생각이 게임에 집중을 방해한다. 나는 당연히 신속하게 그곳을 떠났다.

6) 인상 나쁜 딜러는 피한다.

실제로 게임을 해보면 혼자 있을 때 베팅 쉬는 게 안 된다고 말하는 자도 있고, 제스처나 습관부터 손님을 예민하게 만드는 딜러들은 분명히 있다.

꼭 맞아 드는 것은 아니지만, 인상을 미리 관찰하는 것은 필요한 나의 경계일 것이다.

7) 베팅하는 것, 수시로 쉰다(한번 지거나, 타이, 딜러 바뀔 때도 쉬는 것은 좋은 일이다).

베팅하지 않고 쉬는 것은 좋은 일이다.

죽어야 한다. 자주자주, 그렇지 않으면 완전히 죽어버리는 것이 바카라이다.

8) 한 끗 차이로 지거나 두 번 이상 계속 지면 자리를 옮긴다. 김새는 기분이거나 티끌만큼도 열 받지 않는다면 물

론 옮기지 않아도 된다.

9) 가급적 포커페이스로 침묵을 지키되 미소(웃음 짓는 것)는 항상 유지한다.

주변 사람에게 부드럽게 대하고 웃는 낯으로 한다면 마음을 살 것이다. 그것은 즐거운 게임에도 끗발을 생성시키는 데도 아주 유용하다.

10) 한 번만 더 먹으면 일어서야지 하고 결정했을 때는 설령 져도 반드시 일어선다.

누구나 겪어 보았을 것이고 중요한 일이다. 잠깐 구경하자, 한판만 더하자 이런 일이 저수지의 둑을 무너뜨릴 수도 있다. 체크인 기다리다 오링 돼버리는 사람.

돈을 따서 방으로 가다가 한눈팔고….

오래전 마카오에서 나는 며칠 경비는 건졌다 하며 콧노래를 부르며 방으로 돌아가고 있었다.

입구와 가까운 테이블에서 몇 사람이 게임들을 하고 있는데, 우쭐한 심정으로 내다보았다. 그런데 그림이 밑줄일 수도 있겠다 싶어 한 unit를 (그냥 안 맞아도 들어가야지 생각은 하며) 베팅했다.

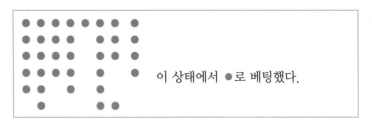

이 상태에서 ●로 베팅했다.

웬걸 ●이 나왔다. 처음 져도 들어가겠다는 결심과 달리 다시 손이 나갔다.

●에 두 unit 베팅하니 ●이 나왔다. 자존심(?) 상해 그럼 다시 해서 ● 찍으니(4unit) ●이 나오는 것이었다.

● ● ● 이런 식으로 옆줄처럼 나오는 것이었다.

●(반사적으로)에 10unit 찍으니 ●이 나오는 것이었다. 네 번이나 연속 틀리니, 날아간 것이 17unit 분노게이지 상승(?).

그 후 결말은 상상에 맡기겠다.

11) 즐겁게(옆 사람과) 하되 자기제어, 정신 집중을 잠시도 쉬면 안 된다. 바카라는 아홉 개를 잘하고도 한 개를 소

홀히 하면 열 개가 달아난다고 생각하라.

12) 게임이 끝나면 딜러에게 팁 주는 것, 모두에게 정중하게 인사하는 것을 지켜라.

딜러는 나의 적이 아니다. 나의 즐거운 게임을 도와주는 동료이다. 딜러에게 인간적인 예의를 갖추어주는 것은 우리 자신에게도 유리한 일이다. 모두에게 정중하게 대하다 보면 우리의 습관이 되며, 좋은 인상을 주는 것은 우리나라에도 기여하는 일이다.

침몰하지 않는 나의 비법

1. 여러 가지 일들에서 바카라의 지혜 찾아보기

1) 바둑에서

필자는 젊은 시절 바둑에 몰입해본 때가 있었는데(지금

은 거의 두지 않지만) 아마추어 5단이다. 바둑은 승부를
겨루는 점에서 바카라와 비슷한 점이 있을 것이다. 누구나
자기 생활에서(어떤 일에서든지) 바카라의 속성과 비슷한
것들에서 금언을 찾고 스스로의 규칙을 세워보면 승률이
개선될 것이다. 내가 몇 가지 예를 드는 것은 황당할 수도
있고 다소 딱딱하지만 도움이 될 것이다.

위기십결(圍碁十訣 바둑에 임해서 열 가지 비결)

부득탐승(不得貪勝) : 너무 이기려고만 하면 얻을 수
없다. 욕심을 내면 바카라는 망한다는 것을 우리는 잘 알
고 있다.

입계이완(入界誼緩) : 경계를 넘어서서 들어갈 때는 천
천히 하라. 급하게 베팅하지 말고 바카라테이블에 앉으면,
주변과 미니멈베팅, 디퍼런스, 사이드벳의 종류, 그림과
패턴의 경향 등을 천천히 살펴보며 시작한다.

공피공아(功彼顧我) : 공격할 때 먼저 자신을 돌아보라.
베팅 전에 시드머니의 다소(多少), 그에 따라 베팅작전, 졌
을 때의 대비책 등 생각하며 게임한다.

기자쟁선(棄子爭先) : 선수를 다툰다는 의미인데 좋은 테이블, 자리를 선점한다.

사소취대(捨小就大) : 작은 곳을 버리고 큰 것을 취하라. 죽을 때는 적게 먹을 때는 크게 하라고 해석하고 싶지만, 마음대로 되는 게 아니니 작은 실패 신경 쓰지 마라.

봉위수기(逢危須棄) : 위기에 처하면 버리라. 연패한다든지, 기분 나쁜 일이 생기거나, 한 곳이 역전패, 그림이 나빠진다고 생각되면 그 테이블을 떠난다.

＊ 손자병법의 교훈
장군이 분노를 이기지 못해 무리한 공격을 하면 재앙이 온다고 하였다. 그가 가장 중시한 것은 경우에 따라서 주위상(走爲上). 곧 도망치는 것이 상책이라 하였다. 물론 카지노에서는 돈을 땄을 때도 36계는 필요하다.

신물경속(愼勿輕速) : 빨리 두지 말고 신중하게 하라는 뜻. 베팅을 그리함은 당연한 일이다.

동수상응(動須相應) : 움직이면 움직이고 멈추면 멈추라. 타이가 나오거나 딜러가 바뀌면 쉬라.

피강자보(彼強自保) : 상대가 강한 곳에서는 내 편을 잘 돌보라. 불리할 때(시드머니가 내려갈 때) 인내하라. 스스로의 컨디션과 상황을 돌아보고 침착하라.

세고취화(勢孤取和) : 안정되는 길을 찾는다. 삼국지에서 관우가 항복하여 후일을 도모하듯 만용을 버리고 스스로 느긋해진다.

여기에 추가할 것, 내가 바둑 둘 때 지키려 했던 단 하나의 원칙은 이것이다.

손 따라 두지 않는다. 바카라 또한 마찬가지, 상대방 혹은 카지노나 욕망을 따라서 베팅하지 않는 것이다. 왜 이 문제에 집착하느냐 하면, 바둑은 내가 가고 싶은 곳을 상대방이 선점하는데 문제가 있지만, 바카라는 정말 후회스러운 단 한 번의 베팅으로 게임이 망칠 수 있기 때문이다.

2) 골프잡지에서

최근(2020년 초) 미국 '골프다이제스트'에 실린 어니엘스(Ernie Els. 남아공의 유명 골퍼)의 격언을 흥미 있게 읽었다. 그리고 바카라게임에 적용해보았다.

첫 번째가 좋은 컨디션을 위해 애쓰라는 것이었다. 바카라에서도 컨디션은 매우 중요하다. 수면부족이나 피곤하면, 쉽게 분노하여 집중력이 떨어지므로 자신을 견고하고 침착하게 조절해야 한다. 두 번째가 예민해지는 것과 불안감을 극복하라는 것.

세 번째는 벙커플레이. 모래밭에서 스윙은 부드럽게, 곧 함정에 빠진 것 같을 때; 악수를 만나거나 연패할 때 느긋해져야 한다. 네 번째로 그린을 읽는 것; 그린의 경사를 읽듯이 그림을 상상하고 때로는 한 슈 전체의 패턴도 되새겨보며 베팅을 한다. 다섯 번째 롱아이언의 사용; 골프코스에서 매우 어려운 것이므로 잔디가 평탄한 곳에서 한 번쯤. 빅베팅은 그야말로 자신이 넘칠 때 단 한 번, 져도 후회나 타격 없을 정도로 그리고 플레이 매니지먼트(management).

자신의 골프시합을 돌아보는 것을 말하는데 베팅금액과 포지션(Position), 자금관리 그리고 테이블 선택과 이동 등을 돌아본다. 목표가 다소 모자라더라도 끝마치는 것 등을 빗대어 생각해보았다.

3) 스쿠버다이빙

필자는 취미로나마 스쿠버다이빙 강사(미국단체 NAUI)가 된 지 아주 오래되었다.

스쿠버다이빙에서 가장 중요한 것은 스포츠를 즐기되 안전함에 머물라 이것이다. 사고는 여러 가지 원인이 있다. 이를테면 장비의 고장, 컨디션을 고려하지 않는 무리한 계획이 문제이다. 파도나 조류, 악천후 등등이 있지만, 무엇보다도 당황하는 것도 큰 문제이다. 작은 문제들이 겹쳤을 때, 당황하면 패닉(panic, 허둥지둥하는 공황상태)이 오며 큰 사고로 연결된다.

그런 때(위험하고 문제들이 발생할 때) 해결해나가는 아주 중요한 원칙은 ST(stop과 thinking)이다. 우선 멈추어 심호흡을 하며 침착하게 생각한다. 그리고 차근차근 조처를 하는 것이다. 예를 들어본다.

컴컴한 바닷속에서 몸이 말을 안 듣는다. 그물에 걸린

것이다. 발버둥 치면 더욱 위험해진다. 우선 멈춘다. 그리고 침착하게 생각한다. 운선 장비를 벗고(호흡기를 문 채) 몸을 자유롭게 한다. 나이프를 꺼내어 장비에 걸린 그물 줄을 잘라내고, 다시 장비를 착용하고 유유히 움직여 수면으로 나오면 된다. 길게 이런 얘기한 것은 바카라할 때도 비슷한 경우가 있기 때문이다.

쾅쾅 베팅하는 것이 부러질 때 우리는 당황하게 된다. 당황하고 열 받는 것을 극복해야만 한다. 여러 경우가 있을 것이다. 내츄럴 8을 잡았는데 9를 만나 질 때, 상대가 낮은 끗발인데 세 번째 카드를 받으니 바카라(0)가 되어버릴 때. 식스 윈 벳을 몇 번 하다가 멈추었더니 그것이 나올 때. 약간 지자 그것을 찾아오기 위해 빅 베팅을 했는데, 옆에서 아주 작게 반대 벳을 하고 내가 져버렸을 때. 연속해서 한 끗발 차이로(6잡으니 상대는 7, 7에서 스탠딩 후 상대가 8이 되어버림 등) 질 때. 그 외에도 시드머니가 많이 줄어들어 버리고 만회의 빅 벳을 했는데 져버릴 때.

2. 끌어당김의 법칙

문제의 조짐이 보일 때 역시 중요한 원칙은 베팅을 스톱하는 것이다.

보통 우리는 얘기한다. 이길 때 베팅하는 것은 승률이 높고 패배하여 열 베팅하면, 질 확률이 높다고 말이다. 내기 바둑 두다가 실수를 하여 대마 잡은 것을 놓치고, 내것이 오히려 죽었을 때 흥분하여 판을 그르친다. 마음을 가다듬지 않으면 다음 판도 우르르 무너지기 쉽다.

흥분하면, 패닉상태가 되고 정신이 없어 나머지 구해주러 온 사람의 목을 잡고 늘어져 둘 다 익사하는 사고처럼 말이다.

중국의 바카라 책에도 나와 있는데 가장 경계해야 하는 것이 이것이다.

패닉 같은 상태를 중국에서는 항복(降伏)이라는 단어로 표현했다. 약간의 lose가 있을 때 조급함, 자존심, 본전 생각 등등의 이유로 흥분하게 된다. 심한 경우 속된 표현으로 '뚜껑이 열려' 자기 스스로를 위험에 빠트린다. 바카라를 해본 누구나 겪어 보는 경험으로 야금야금 이겨서 모은 (칩으로 대체되어 훨씬 가볍게 다가오지만) 거액을 순식간에 날려 버리게 되는 경우가 있다.

여러 이유가 있다. 만족하지 못하거나 조금만 더하자는 욕심, 딜러 혹은 동반자나 옆 사람, 자존심, 착각, 신기루에 불과한 확신 등 너무나 많은 이유에서 비롯된다. 그것은 일반적인 노름이나 축구 시합처럼 끗발이나 흐름 혹은 기세와 관련지어 볼 수 있다. 하지만 바카라 게임은 훨씬 마(魔)적으로 느껴지는 게 있음을 우리는 겪게 된다. '오링되면 안돼'하면 오링된다. '늑대 생각 하지 말자'라고 주문을 외울수록 늑대는 머릿속에 떠오르는 것이다. 골프에서 티잉그라운드에 선 초보자에게 오른쪽은 오비이니 조심하라고 주의시키면, 그는 오히려 오른쪽으로 공을 보낸다.

바카라에서 지면 더 크게 베팅하게 되며 결국 더욱 돈을 잃게 된다. 자기 자신이 패배의 날카로운 못들을 불러 모으는 자석이 되어 가슴에 못을 치는 것이다. 이윽고 더

큰 패배를 불러오는 것이다. 근근이 이긴 바카라의 승부
는 안개처럼 사라지고, 패배의 잿더미 위에 앉아있는 자신
을 뼈아프게 느낀다. 하지만 이런 실패 후에도 작은 승리
의 기억이 주는 달콤함에 빠져 바카라 또 게임장을 찾아가
게 된다. 이런 일들이 반복되어 끝에는 재산이 모두 순식
간에 '녹아' 사라질 수 있다. 작은 승리의 기억이 주는 달콤
함, 본전 생각, 다음에 이길 것 같은 환상들 때문이다.

3. 침몰하지 않는 나의 베팅법

바카라에서 지지 않는 방법을 얘기하겠다.

이것은 바카라의 높은 산을 정복하는 방법은 아니다. 절
대로 오링 되지 않는 베팅법이며 차라리 '이기기'라기보다
'살아남기'라고 해야 할 것이다. 이것은 수천만 수억의 전
세계 바카라 플레이어 중에서 내가 생각해내어 혼자만 하
는 베팅법인지도 모른다.

나는 이것을 '골프 시스템'이라고 부른다.

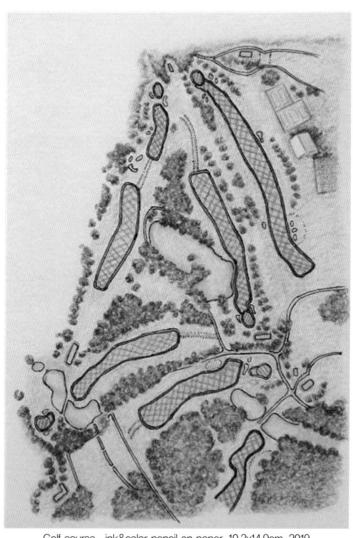

Golf course. ink&color pencil on paper. 10.2x14.9cm. 2019

골프코스는 보통 18홀이며 각 홀들이 파(par)3에서 5로 구성되어있다.

전부 합치면 파 72(간혹 70,71,73 도 있지만)가 된다.

여기서 착안하여 나는 시드머니를 72unit를 준비한다.

그리고 특정 골프장의 구성에 맞추어 3이나 4 혹은 5를 베팅하는 것이다.

최근에 내가 사용해본 골프코스는 이곳의 Shadow Creek 골프장이다.

50개가 넘는 라스베가스의 골프장 중에서도 세계 100대 골프코스에 선정되기도 했다. 명문 골프장이며 MGM 소유여서 애를 쓰면 플레이를 해볼 수도 있는 곳이다.

구성은 이렇게 되어있다.

홀	1	2	3	4	5	6	7	8	9	10	11	12	13	14	15	16	17	18	계
파	4	4	4	5	3	4	5	3	4	4	4	4	3	4	4	5	3	5	72

예를 들어서 시드머니를 칠천이백 불을 준비한다.

플레이를 준비하여 테이블에 앉아 관찰하다가 맨 처음

400불 베팅한다.

그다음에도 400불, 400불, 네 번째는 오백 불……

마치 골프코스 라운드를 마치듯 18번 베팅하면 게임을 끝낸다.

실전 사례를 들어본다. ● 뱅커 ● 타이 ● 플레이어

MGM Grand 2020.02.15.

출목표는 아래와 같다. (● 뱅커 ● 타이 ● 플레이어)

```
8 9 5 7 9 9 7 9 7 9 7 9 9 4 6 8 8 9 8
8   7 5   8     7 9   6   6     6
9   8 5   7     4   8   8     4
7     8   5     8       9
4     4 7 9
7 5 8 5
```

플레이어가 내츄럴 세 번 계속 이기는 것을 보다가 첫 베팅을 시작하였다.

400불 베팅을 시작으로 6번 먹고 뱅커 9가 나와서 죽고 쉬었다가 베팅…

(승○ 패× 비김 혹은 쉼 △)

	1	2	3	4	5	6	7	8	9	10	11	12	13	14	15	16	17	18	19	20	21	22	23	끝
베팅	400	400	400	500	300	400	500		300		400	400	400		400	300	400	400		500	300		500	
승패	○	○	○	○	○	○	×	△	×	△	○	○	×	△	○	○	×	×	△	○	×	△	○	
시드머니	7600	8000	8400	8900	9200	9600	9100	9100	8800	8800	9200	9600	9200	9200	9600	9900	9500	9100	9100	9600	9300	9300	9800	+2600

딱 18회 베팅한 뒤 일단 게임을 마친다(2,600불 승리).

여기서 처음 약간의 밑줄이 나올 때, 엎어 간다든지 크게 베팅하면 많이 따지 않을까 하고, 얘기하는 사람이 있을 수 있다. 하지만 그건 결과론이다. 밑줄~ 신나게 두 배씩 튀겨가다가 부러진 경험 누구나 있을 것이다. 여기서 강조하고 싶은 것은 일단 안정되면, 이 시스템은 이기고

지고 먹죽먹죽하여도 시드는 안정적으로 남아 있다는 것
이다.

혹자는 바카라에서 따는 방법을 이런 것이라고 말한다.
찔끔찔끔 작게 베팅하다 결국 녹는 것이 아니고, 쾅쾅
몇 번, 좋은 그림이 왔을 때(인내심을 가지고 기다리다가)
찍어 먹는 것이라고 말이다.

마카오 등지에서 중국인들이 그러는 경우를 보게 된다.
죽치고 기다리다가 밑줄이 내려오면 사정없이 크게 베팅
하는 것이다. 또한, 플뱅뱅 풀뱅뱅 식으로 규칙적인 듯할
때도 남자답게(?) 베팅하는 것이라 말이다.

오래전 마카오 포시즌호텔 플라자 게임룸
크게 베팅하는 중국인을 구경하게 되었다.

●	●	●	●	◉	●	
●	●	●			●	◉ 표는 타이
●	●	●			●	

이 상황 이후

● ● ● ● ● ● ● ■
　　　　　● ●

옆줄(핑퐁) 스타일에서(미국에서는 점핑,jumping이라
고 부른다.) 카드 쪼으는 제스쳐도 크게(중국인들 보통 그
렇다.) 계속 먹더니,

　■이 차례에 25만불(홍콩달러; 한국돈 3,500만원쯤)
●에 베팅하니

　●이 나와 다 날리는 것이었다(그 앞에도 그림이 순조
로워 나도 ● 예상함).

올해 초 MGM에서 보니 대만에서 온 회사원 스타일의
두 사람과 샌프란시스코에 사는 X라는 베트남 청년이 바
카라를 하고 있었다. 베트남 청년은 반바지, 샌들에 팔뚝
가득 알 수 없는 문신을 새기고 차림은 그렇지만, 그야말
로 쾅쾅 크게 베팅하였다. 친구(병정)까지 대동하여 큰 도
박꾼 같았다.

이른바 서 있다시피 베팅도 안 하며 어영부영하다가 좋은 그림(반복적인 패턴 등)이 나오면, 우리에게 자기가 100 아니 1,000% 개런티한다고 말하였다. 그러면서 2만 불 정도는 보통 쾅쾅 베팅하는 것이다. 일리가 있겠다 해서 대만인들(회사원이 출장 온 듯한 스타일)도 따라서 가보기도 했다. 다음날 가보니 그들이 여전히 있었는데 베트남 청년은 큰 피해를 본 상태이고, 찔끔찔끔 베팅하던 대만 청년은 본전을 지키고 있었다.

역시 MGM에서 내 옆자리에서 LA에 사는 한국 변호사와 그 친구가 각각 2만불(이천만원 좀 넘는다) 정도 가지고 즐겁게 게임을 하고 있었다. 적은 금액으로 게임을 즐기던 나는 그들에게 방해도 되는 것 같아 일찍 자리를 떴다. 다음 날 저녁에 다시 가니 그곳에서 그들은 게임을 하고 있었다. 계속했는지 다른 일 하다가 왔는지는 모르지만, 칩이 쌓여 그들이 승리 한 것 같아 나도 즐겁기도 하고 부러운 생각도 들었다. 놀랄 일이 벌어졌다. 굉장히 크게 베팅하는 것이었다.

칩 크기로 봐서 그리고 나의 눈썰미로 계산하니 육만불 정도 올인한 것이다.

그런데 베팅한 곳 반대가 이겨버렸다. 져버린 것이었다. 망연자실, 그들과 낯익은 나로서도 보기가 민망하여 다른 자리로 피하고 말았다. 한참 후 그쪽을 보니 손을 털고 게임을 하는 친구 옆에서 구경하는 듯하였다. 나중에는 그 친구도 다 져버린 것 같았다. 모를 일이다.

이십 년 더 전의 일이다, 일본 시미즈(淸水)건설의 한 중역이 제주도에 왔다.

안내 역할을 한 나는 당시 제주도 그랜드호텔 카지노에 같이 가게 되었다(물론 내국인인 내가 플레이한 것은 아니다). 그날 그는 운이 좋았는지 2천만 엔(당시 환율로 한국 돈, 이억 원 정도)쯤을 땄다. 어마어마한 행운이라고 같이 온 가지마(鹿島)건설의 나와 친한 사람도 부러워 하는 듯하였다. 같은 곳에서는 더하기가 미안했을까. 그만하면 안 되었을까. 다음날 중문에 있는 신라호텔에 가서 그 행운의 사나이는 본전까지 포함하여 총 삼 천만엔을 날렸다.

여기 전설적인 플레이어 중 한 사람이 있다(1992년 뉴욕 타임스에 실렸던 이야기이다). 일본인 아키오 카시와기(栢木昭男)라는 부동산투자가이다. '고래'라고도 불렸고 라스베가스의 한 임원에게서 바카라 세계 최고의 선수로 여겨졌다. 주로 라스베가스와 애틀란틱시티에서 고액의 베팅을 즐겼다.

한 번에 한국 돈 크기로 2억 원 정도를 베팅하기도 자주 했고, 트럼프카지노에서 이틀 밤에 육십억 원 이상을 따기도 했다(이틀 정도는 잠도 안 자고 플레이하기도 했다고 한다). 후에 일본 후지산 근처의 자택에서 난자당한 시체로 발견되었다고 신문에 보도되었다. 빚에 의한 죽음이라는 추측도 있었다. 그가 남긴 미국의 여러 카지노 부채는 당시 몇백억 원 이었다고 한다

그 당시는 일본경제가 세계를 선도하던 시대여서 그랬지만, 요즘에는 일본인들은 잘 안 보인다. 중국인들이 심혈을 기울여 바카라를 연구하고 거액을 베팅하고 그러는

것 같다. 그들은 원래 도박을 좋아한다. 하지만 우리 모두 주변을 돌아보자. 바카라를 연구한다고 해서 큰 자금을 가지고 겜블링을 한다고 하더라도, 배짱 있게 빅 벳을 하는 스타일이라고 해도, 결국 성공한 사람이 단 한 사람도 있는가? 무수하게 많이 듣는 것 아닌가! 바카라해서 망한 사람들 이야기….

대낮 라스베가스 스트립을 걷다가 길에 쓰러져 자는 거지를 본 적이 있다.

그런 생각을 해보았다. 그들 중에 과거 바카라 베스트 게임머가 있었던 것은 아닐까? 바카라귀신이라는 말을 누구나 들어보았을 것이다. 자신도 모르게 욕망에 사로잡혀 패배하고 쫄딱 망하게 하는 귀신. 그리고 보면 바카라라는 말뜻이 '죽음(0)'이다. 나는 귀신을 부정하지도, 있다고 믿지도 않는 모호한 상태이지만, 어쨌든 귀신은 눈에 보이지 않는다. 귀신과 사탄 같은 존재는 인간의 마음을 통해 작용한다. 자살하는 사람의 마음속에 들어가 절망감을 자극한다. 바카라귀신은 게임 중에 욕망을 부추겨 망하게 하는 것이다.

골프선수는 시합을 위해서 연습한다. 그때 긴장과 불안한 속에서도 샷을 날리기 위해 (육체의 기억이 그것을 극복하도록) 끊임없이 연습하는 것이다. 나의 골프시스템이라는 바카라베팅법은 지키기만 하면, 긴장과 불안 그리고 혼란의 순간에도 절대로 파산되지 않는, '살아남기'라고 해야 할 것이다.

도박꾼이 아닌 그저 우리 같은 사람이 카지노에 가서 돈을 많이 따는 것보다 즐기고 가능하면 조금 따는 정도의 시스템일 뿐이다.

다시 한 번 예를 들어 설명하겠다.

나는 종종 국내의 27홀, P 골프장을 주로 이용한 시스템을 사용한다. 1홀 파 4, 2번 파3 하는 식으로 머릿속에 다 들어있기 때문이다. 여러분들 중에 이렇게 하고 싶으면 자기가 회원으로 있는 골프장이나, 단골 코스의 스코어, 곧 홀의 구성을 이용하면 될 것이다. 그런 것이 아니라도 아무 골프장의 것을 외우면 된다.

P골프장의 18홀은 다음과 같다.

홀수	1	2	3	4	5	6	7	8	9	10	11	12	13	14	15	16	17	18	계
파	4	3	4	5	3	4	4	4	5	5	4	4	4	3	4	5	3	4	
									36									36	72

시드머니 72단위를 준비한다.

죽으면 쉰다든지 하며 18번 베팅한다. 컨디션이 좋거나,
아쉬우면 27홀 골프하는 감각으로 27번 할 수도 있다.

다음의 예는 7,200불을 가지고 400불, 300불 이런 식
으로 베팅했던 스코어카드이다. 27번 베팅하였으며 아니
나 다를까 결과는 나쁘지 않았다.

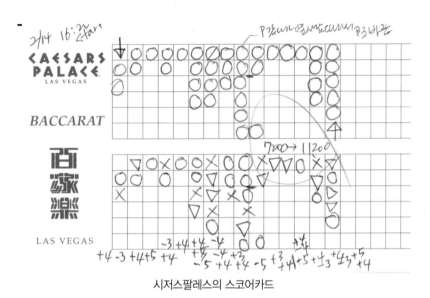

시저스팔레스의 스코어카드

NORTH COURSE

HOLE	BLUE (yds)	WHITE (yds)	RED (yds)		PAR		HDCP
1	493	467	430		5		8
2	360	340	318		4		7
3	320	299	277		4		9
4	203	180	155		3		3
5	409	385	363		4		1
6	496	472	448		5		4
7	170	147	117		3		6
8	392	370	339		4		2
9	354	337	293		4		5
NORTH	3,197	2,997	2,740		36		
					36		
TOTAL					72		

SCORE CARD
East·West·North Course

P골프장의 스코어 카드

바카라 모니터의 그림(중국점과 패턴 등)

1. 중국점

국민성을 일률적으로 말할 수 없으나 중국 사람들은 돈과 가족을 중시한다.

또한, 중국사람들만큼 세계에서 도박을 좋아하는 사람들도 드물 것이다. 라스베가스의 카지노들이 리 오픈 후에 (2020년 6월 이후) 수익성이 떨어졌다. 중국 본토의 갬블러들이 미국 입국이 곤란하여 오지 못했기 때문이라는 것이다. 실제로 보면 캘리포니아 등지에서 몰려온 흑인들은 많이 보이지만, 크게 하는 중국 사람들이 드문 것은 사실이었다. 하지만 팔래스 스테이션(Palace station) 같은 작은 카지노(여기서는 로칼 카지노라고 부른다)에서 보면 딜러들도 대부분 중국인들이고 손님들도 80%는 중국인들인 듯하였다. 그들은 당연히 도박을 신중하게 하며 또 연구들도 많이 하는듯하였다.

다음에 뱅커가 나올 것인가 플레이어가 나올 것인가는 무엇보다도 관심사이나, 그 누구도 알 수 없는 것이다.

여기에 다음에 나올 것을 예시해주는 지표로서 보통 중국점이라고 한다. 영어를 쓰는 사람들도 '차이나'니 '마카오'니 그런 용어를 쓰고 참고하는 경우들도 있었다.

그림들을 참고해서 다음의 것을 예상하는 것은 감각(촉)에 대부분 의존한다.

B	P	B	P	■	

■는 B일 것이라고 판단하며 승리할 가능성이 크다.

B	P	B	■		
B	P	B			
B	P	■			

■는 보통 B로 예상 판단할 것이다.

P	B	P	B	▨	
	B	P	▨		
	B	P			
	B	P			

▨는 보통 B일 것이라 생각한다.

P	B	P	B	▨	
P		P	▨		

▨는 P라고 생각될 것이다.

❶	❺	❾	▨		
❷	❻	❿			
❸	❼	▨			
❹	❽				

▨는 P라고 생각될 것이다.

여기서 중국점 원리를 살펴보자. 만드는 원리는 1,2,3군 비슷하다. (중국점 2군의 예)

원매　① 플레이어 ③ 뱅커

①	③	⑤	⑦	⑫	⑬	⑯	⑳	
②	④	⑥	⑧		⑭	⑰		
			⑨		⑮	⑱		
			⑩			⑲		
			⑪					

중국점

●	●	●	●	●	●	●	●	
●		●	●	●	●	●		
●								

이렇게 중국점이 형성되는 과정을 보자.

①	③	⑤	■					
②	④	■						

중국점은 앞의 데이터 이동(변화) 경향을 참고하여 다음을 예측하는 것이다.

중국점 2군은 세 번째 칸 곧 위 표의 ■에서부터 비교 기록을 시작한다.

⑤번 다음의 ⑥은 원매에서 보듯 플레이어가 승리하여 ⑤ → ⑥은 ① → ②과 비교할 때 같으므로 ●가 기록된다.

⑦은 뱅커가 이겨 ② → ③과 비교하여 ⑥ → ⑦은 같아서 ●

③ → ④와 비교하여 ⑦ → ⑧이 같으므로 ●

①	③	⑤	⑦		
②	④	⑥	⑧		

●					
●					
●					

그다음 ④ → ⑤ 와 비교하여 ⑧ → ⑨ 는 다른 경향이므로 ●

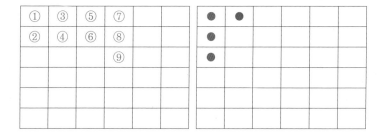

그 다음이 문제이다.

①	③	⑤	⑦		
②	④	⑥	⑧		
	X		⑨		

⑨ → ⑩을 2열 전과 비교해야 하는데, 없으므로 같은 색이 이겼으므로 ●

⑩ → ⑪는 마찬가지 이유로 ●

⑪ → ⑫는 ⑤ → ⑥ 비교하니 틀리므로 ●

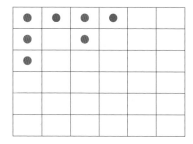

이런 색으로 두 줄 앞서가다 보면 이른바 예측할 수 있는 것이다.

중국점1군, 3군도 비슷한 원리(시작 비교점은 다르다.) 이지만, 여기서 생략한다.

왜냐하면 우리가 일일이 중국점을 만들어 볼 필요가 없다. 모니터에서 다 보여주기 때문이다.

다시 한 번 정리를 하면, 그것은 패턴이 변화하는 경향을 근거로 하여 다음의 것을 예측하는 것으로 원매의 패턴에서 파생된 것으로 1, 2, 3군의 예측이 각각 다를 수 있다.

여기서 모니터의 중국점을 참고하는데 중요한 것은,

●이 뱅커라거나 ●이 플레이어라는 게 아니다.

●는 그림의 패턴대로 나온다는 긍정을 말하고

●은 부정, 곧 반대로 나온다는 예측이다.

부정이니 긍정이니 그런 것을 떠나서 모니터를 보면서 실지 적용하는 것의 예를 들어본다.

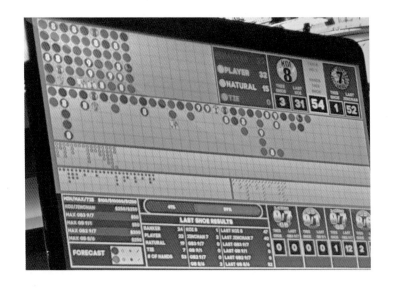

　사진은 2020년 8월경 라스베가스의 어느 로칼카지노의 모니터 사진이다.

　이곳은 여러 가지 사이드벳이 있어서 모니터도 좀 복잡한데 그런 것은 여기서 논외로 한다.

　왼쪽 상단은 여섯 줄씩 나온 결과를 나열해 보여주는데 그것을 '육매'라고 한다.

　그다음 길게 플플 뱅뱅뱅뱅뱅 플 뱅뱅 식으로 보여주는 게 '원매'이다.

그다음 도넛 형태로 그림을 보여주는 것이 중국점 1군

그다음 칸 채워진 파란 원형, 붉은 원형으로 보여주는 것이 중국점 2군이다.

그리고 다음 칸에 파란, 붉은 사선으로 나타낸 것이 중국점 3군이다.

먼저 1군의 맨 우측을 보면 ○ ○ ○ 로 되어있는데 그 다음은 ○로 예측될 것이다.

```
○ ○ ○
  ○ ○ ○
○ ○
  ○ ○
○ ○
    ○ ○
```

모니터의 맨 왼쪽 하단 예측(Forecast)을 보면 ○은 파란색 곧 뱅커가 나온다는 예측이다.

그 다음 중국점 2군에서는 ● ● ● 를 보여주는데
다소 모호하지만
세 줄까지 ●로 예측.

```
● ● ●
  ● ●
●
```

요령 전과 동일하게 예측 칸을 보면 ●은 붉은색 곧 뱅커가 나온다는 암시를 해준다.

이 3군에서는 붉은색, 한 번 더 내려올 것으로 보면 이
것도 뱅커가 나올 것이라는 예측을 해준다.

여기서는 1,2,3 군 모두 중국점이 뱅커를 예측해주는데
각각 틀릴 때도 있다. 카지노마다 모니터의 형식들은 다른
데 위의 모니터 경우에 아래 그림처럼 구성된 것이다.

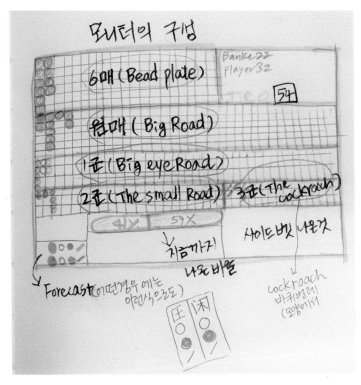

곧 정식 영어로는 육매를 Bead Plate, 원매를 Big Road, 중국점 1군은 Big Eye Road

그리고 중국점 2군은 The Small Road, 중국점 3군은 The Cockroach라고 부른다. 서양 사람들도 중국점을 참고하기도 한다. 맞을 때는 기가 차게 맞지만 물론 틀리기도 한다. 확신을 하고 빅 벳을 했을 때 결과가 배신하는 것과 같은 신세가 되는 것이다.

이 중국점이 100% 맞는다면 카지노에서 친절하게 보여주는 게 이상한 것이다.

6매의 경향과 원매의 그림 모양 그것에 따른 본인의 감(感), 중국점까지 참고하면, 성공률이 높을 것 같은 생각을 우리는 한다.

바카라 패턴

우리가 바카라게임을 하면서 그림이 좋다고 말하는 것은, 뱅커나 플레이어가 나오는 패턴이 규칙적일 때 보통 그림이 좋다고 말한다. 보통은 그것들의 결과가 보여주는 모양, 곧 그림이 패턴을 형성하며 그것을 참고하여 갈 때 불규칙적이라면, 그때마다 막연하여 심적으로 어려움을 느낀다.

반면에 규칙적인 패턴을 형성하거나 계속 같은 것이 나올 때(줄이라고 한다), 단순하게 베팅의 지표로 삼을 수 있어 편할지도 모른다. 배커나 플레이어가 나오는 패턴들은 단순하게 밑줄, 옆줄(핑퐁, 점핑 한국에선 '깔록이'라고 부르는 사람도 있다), 불규칙한 것 세 가지로 나눌 수 있다. 모든 패턴들을 정리해보면, 다음의 것들에 포함될 것이다. 실전에서 나온 것들로 예를 들었다.

1. 밑줄(Dragon, 상상 속의 용(龍)이지만 그것은 꼬리까지 길어서 이런 이름이)

바카라 게임 플레이어라면 누구나 이것을 기다릴 것이다.

줄은 올라타라 꺾는 것이 아니다 하며 끊어질 때까지 간다.

마카오 등지에서 중국인들은 엎어 가면서 환장을 하지만, 라스베가스에서는 밑줄이 정말 희귀하다. 필리핀 마닐라에는 '세븐어웨이'(밑줄이 일곱 개 이상 안 나온다)라는 말이 있다지만, 라스베가스에서 보면 보통 대여섯 개 미만이 보통이다.

2019.10.10. 트레이져아일랜드　●뱅커　●플레이어　●타이

2020.7.3. 윈 라스베가스

중동의 부자가 플레이하고 있었다.

정말 라스베가스에서 보기 드문 경우의 밑줄. 마틴게일
벳으로 플레이어가 나오겠지 했다가 (꺾으려 하면) 아무리
거액의 시드머니도 오링될 것이다. 54번 중 ● 15번에 반
하여 ●는 34번.

2. 옆줄(Ping Pong, Jumping)

2019.10.10. 아리아

2019.11.21. 윈 Cotai

3. 두 줄 (Double story line)

이런 패턴은 라스베가스의 골드코스트, 팰레스 스테이션, 램파트 등의 로컬카지노에서 흔히 출현한다.

2019.10.7. 미라지

4. 두 개짜리 (Two Cut)

2019.12.5. 마리나 베이샌즈(싱가폴)

5. 뱅커 두 줄(Two Red story line)

2019.12.18. 하드 록(플로리다 탬파)

6. 석 줄(Triple)

2019.7.12. 리조트월드 센토사

7. 세 개짜리(Three Cut layout)

2019.7.12. 리조트월트 센토사

8. 뱅커 석 줄(Three red cut story line)

2019.9.24. 엠지엠 코타이

9. 넉 줄(Four Cut lay out)

2019.12.21. 시서스팔레스

10. 불규칙(No Story line)

예를 들고 자시고 할 필요 없이 흔히 있는데 원매의 그림으로 하자면, 지표가 없어서 슈가 나쁘다고 말할 수 있다. 그러나 그때그때 감을 살릴 수도 있지만, 다른 테이블로 옮기는 것이 상책일 것이다.

11. 그 외에도, 굳이 패턴을 들어보자면;

원투원투(One two)

쌍줄 (Double Dragon) 심지어 트리플 드라곤까지도 출현 가능

포도송이처럼 몇 줄씩 나오는 것이 여러 칸 되어 뭉쳐진 형태

반복형

데칼코마니(대칭형)

　　이런 패턴들은 처음부터 끝까지 통일되는 것은 아니고 중간마다 변하는 게 보통이다. 그러므로 조심스러운 상상력으로 벳한 것이 죽으면, 쉬면서 변화된 패턴을 다시 그리며 플레이하는 것이 좋다. 예를 들어 긴 장줄(드라곤)에서 어느 정도 먹었을 경우 쉬거나 테이블을 옮기는 것이 유효한 수단일 수도 있다.

패턴이나 좋은 그림 또는 행운은 계속 계속되는 것이 아니라는 것을 명심해야 한다. 짧게 플레이를 하고 쉬는 것이 일반적으로 안전하고 좋은 방식으로 알려진 것은 사실이다. 히트앤 런(Hit and Run)은 패턴의 활용에서도 다시 한 번 언급될 격언인 것이다.

4. 코로나바이러스 이후의 라스베가스

미국에서 걷잡을 수 없이 확산된 코로나바이러스는 라스베가스에도 영향을 많이 끼쳤다. 3월 하순에 셧다운 되어 모든 호텔과 카지노는 문을 닫았다. 이런 일은 세계 모든 국가에서 겪어보지 못했던 일이다. 라스베가스 스트립은 도시가 생긴 이래 처음으로 적막에 쌓였다.

하지만 6월에 일부 호텔이 리오픈을 하였다. 관광업이 주산업인 네바다주로서는 다행이라면 다행이었을 것이다. 호텔 입구에서 체온을 재고 모두 다 마스크를 써야 했다. 플레이어 일곱 명이 앉던 바카라테이블에는 적게는 세 명만 앉았다. 아크릴판으로 딜러와 플레이어 각자 사이에 차단 판을 설치하기도 했다. 엠지엠그랜드, 윈, 코스모폴리탄, 시저스팔레스, 베네시안 등이 먼저 문을 열어 영업을 시작했다. 7월 초에는 만달레이베이와 아리아 등도 문을 열었다. 미라지는 8월 말에 들어서야 리오픈을 하였다.

호텔 내 식당이나 라운지 등은 문을 열지 않은 곳도 있었지만, 점차 사람들이 모여들었다. 주말에는 스트립이 북적북적하여 활기가 거리와 호텔들에 넘치기도 하였다. 하지만 문 닫은 대형 레스토랑 등이나 관광여행업체 외에도 어려운 것은 카지노들도 마찬가지였다. 손님들이 적어서 근무한 지 얼마 안 된 딜러들은 실직하기도 하였다. 대형 업체인 엠지엠 그룹에서 해직된 종업원 수는 팔 천명에 육박하였다. 모름지기 카지노에서는 손님들의 돈을 노리는 데에는 더욱 각별해졌을 것이다.

라스베가스에서 여러 개의 쇼를 공급하는(앞에서 언급한 '태양의 서커스') 업체는 파산하였다. 공연이 없기 때문이었다.

나도 하루에도 스무 번씩은 손을 씻은 것 같다. 칩이며 지폐에도 세균이 묻었을까 걱정되는 기분이었다. 핸드폰을 소독용 알코올로 닦기도 하고, 결벽증은 어딜 가도 무얼 해도 환자처럼 지내야 했다. 칠팔월의 라스베가스는 섭씨 45도의 고온. 자동차 안에 계란을 두고 몇 시간 후면 그것이 익어버릴 정도였다. 주말에는 스트립에서 서북쪽으로 50분 거리의 찰스턴산을 찾아간다.

커다란 나무들이 듬성듬성 있어 햇빛을 완전히 가려주진 못해도, 지겨운 마스크를 벗고 심호흡하는 것만으로도 상쾌한 기분이 들었다. 사막 사이의 도로를 통해 완만한 경사를 달려가서 그렇지만, 해발 2,000m가 넘는 곳이니 공기는 선선하였다.

하지만 점차 코로나바이러스의 공포는 사람들을 둔화시키는 듯했다. 적응하는 것일까? 나 자신 실제로 증상을 느끼기는 고사하고, 환자나 방호복 입은 의사들을 구경해보지 않았다. 눈에 보이지 않는 질병의 무서움은 느끼지 못했던 것이다. 하지만 LA 같은 곳은 가지 않았다. 의료시스템이 잘되어있는 한국에 비하면, 돈 없는 사람들이나 불

법입국자나 빈민들에게 병원은 너무나 문턱이 높은 곳이었다. 그런 사람들 때문에 대도시는 위험할 것이라는 두려움 때문이었다.

주말 코스모폴리탄에는 사람들이 넘쳤다. 수영복 차림처럼 노출 심한 서양 여자들과 흑인, 백인 젊은 남자들이 바글바글하게 몰려들었다. 이것이 아메리카의 한 단면이라면 이렇게 놀고 즐기면서, 강국이 유지되는 것이라는 생각도 들었다. 인간은 놀아야 하는 것일까 하는 복잡한 생각도 들었다.

시저스팔레스에는 작은 콜로세움 모양의 건물도 있고, 고대 로마의 영웅 시저의 전신상은 실내외 여기저기 있다. 메인로비 프론트엔 앞사람보다 큰 시저의 동상은 마스크를 뒤집어썼다. 이곳은 물론 이천 년 전 로마보다는 현대적이고 화려한 인테리어일 것이다.

내가 묵는 방은 아우구스투스타워에 있으며 쥴리우스타워, 포름, 클레오파트라의 전신상으로 뱃머리가 장식된 범

선 모양이 바의 외면을 장식하고 있다. 아침 열 시쯤이면 스타벅스에 줄지어 선 미국인들. 차려입거나 노출해 헐벗은 여자들이나 남자들을 포함하여, 이들이 과거 로마인들보다 나은 점은 분명 있는 것인가. 귀족이나 고급부인 기사나 서민, 창녀나 노예에 이르기까지….

누군가의 말이 생각났다. 백인은 중간 정도의 사람이 없다. 좋은 사람은 좋고 나쁜 사람은 몹시 나쁘다. 내 눈에도 예의 바르고 교양있는 사람들도 보이고(물론 그들이 더 위선자일 수도 있지만) 오만한 사람들도 관찰되었다. 하지만 그전에도, 코로나바이러스의 우울한 요즘에도 동서양인 모두의 공통점은 돈을 좋아하는 것이다.

5. 라스베가스를 떠나며

공항으로 가기 전에 결산을 해보는 심정으로 이것저것 생각을 해보았다.

8개월에 걸쳐서 이곳에 왔다 갔다 하고, 지금 한 달간 지내는 동안 본래의 목적인 비즈니스도(플로리다 두 번이나 왕복하며) 잘 마무리되었다. 그동안 먹고 쓰고 경비를 제하고도 윈(Whnn)에서 산 돋보기안경(접이식 선글라스가 달려 햇빛에서도 책을 읽을 수 있는)이 남았다. 큰돈을 벌려고 했던 것이 아니니, 나는 이곳을 정복한 것이다.

어쩌면 살아남았다. 아니 사실, 탈출하고 있다.

공항으로 왔다.

플로리다 탬파로 가는 비행기를 타려고 프런티어항공 데스크 앞에서 줄이 어느 것인지, 우왕좌왕하고 있었다. 그때 그 회사 도우미로 일하는 한국인 젊은 여성을 만나서, 편안하게 동행 안내를 받았다. 그러할 때 한국인인 것이 행복하다.

이곳에서 나의 삼성 폴더폰(펴면 모니터가 두 배가 되는 신형)을 미국인들이 부러워할 때, 그들이 물어보면 '메이드 인코리아라'고 으쓱하며 말하면서 그랬듯이.

이 책은 진심으로 한국인들을 위하는 마음에서 썼다.

시간이 남아서 공항 내 서점에서 히스토리며 스쿠버다이빙 잡지를 뒤적이다가, '매일의 양식이'란 호화장정 표지의 책을 잠깐 펴들었다. 어느 페이지의 구절이 눈에 들어왔다.

For God hath not given us the spirit of fear; but of power, and of love, and of a sound mind. (2 Timothy 1:7)

신이 우리에게 준 것은 두려움이 아니고 힘과 사랑이며

그리고 사운드 마인드.

사운드 마인드는 '건전한 신체에 건전한 정신'할 때 쓰이는 말이다.

도박에 사로잡힌 사람들, 카지노로 황폐해진 많은 사람들에게 그리고 나에게 위의 글을 주고 싶다.

두려워하지 말자. 절망하지 말고 희망을 품자.

날려버린 돈, 본전 애석해 하지 말자.

욕심내지 말고 사운드 마인드를 가져보자고.

비행기는 이륙하였다.

좌석에서 문득 베네시안 카지노에서 만난 한국 여성딜러가 떠올랐다.

"게임이 안 되어 내려갈 때는 본전보다도 딴 돈에서 밑지는 돈이 더 아까운 거 에요. 이곳에서 게임을 하지 말고 맛있는 거라도 가서 사 드세요."라고 웃음 짓던 그 얼굴….

자꾸 비행기 창문 덮개를 닫았다가 열었다.

이윽고 어두워졌고 달은 환해졌다.

그리고 그것의 빛이 구름들이 뒷걸음치는 염소처럼 지
나간다.

알 수 없는 지상의 마을 작은 집들,

불빛이 화로의 숯불처럼 보였다.

게임하는 것, 카지노 같은 것.

보잘것없이 작고 먼 세상의 일들처럼 느껴졌다.

부록

부록 1. 게임의 수치(數值)

1. 게임의 수치

이것들은 바카라를 본격적으로 하는 사람들은 대부분 알고 있는 것들이다(수학공식처럼 암기하진 않지만). 오랫동안 카지노게임과 관련된 수학자, 통계학자들에 의해 계산된 것들과 내가 계산해본 것을 포함하였다. 물론 필자의 졸저 『바카라 완전정복』에 실렸던 것도 있다.

우리의 인생, 특히 게임을 하는 순간은 짧은 시간이다. 대수의 법칙(일을 되풀이할 때 사건이 일어날 비율, 곧 확률의 예상처럼 될 비율은 횟수가 많을수록 가까워진다), 그 확률의 예산대로 진행되기에는 시행하는 횟수가 너무 적은 것이다.

그래서 우리가 게임을 할 때 수학이나 통계 그리고 확률에 의존하는 것은 아니지만(때로는 확률을 생각하여 게임을 하여 망치는 경우도 있다), 바둑을 둘 때 정석을 배우고 그것을 잊어버리는 것처럼, 한 번쯤 확률에 대해 생각해 볼 필요도 있다. 확률은 게임과 복권, 카지노운영, 야구시합의 투수 기용, 날씨의 예보까지 우리의 생활을 지배하고 있다.

2. 조커를 제외한 트럼프 카드 52장을 늘어놓는 방법은 몇 가지일까?

52장의 트럼프에서 한 장씩 골라 순서대로 배열한다고 생각하면 된다. 답은 52! 이며 곧 $(52 \times 51 \times --- \times 2 \times 1)$ 로 68자리의 수가 된다. 우주의 나이가 138억 년인데 이것을 초로 계산해도 18자리에 불과하므로, 68자리의 수는 너무나 커서 어지러울 정도이다. 트럼프 카드 한몫을 가지고 늘어놓은 것만 해도 같은 순번이 나올 경우는 제로에 가깝다고 할 수 있는 것이다.

3. 외국의 경우 8몫(덱, deck)의 카드로 바카라 한 슈를 진행하며, 우리나라 강원랜드는 1슈 6덱의 카드로 한 슈의 바카라를 진행한다. 6덱은 312장의 카드로 되어있다. 1회 게임에 소모되는 카드는 4.9인데 63회 할 수 있다(여기서 312/4.939446 이어서 63.16496—이다). 하여튼 8몫을 섞는 외국 카지노의 방식이나, 6몫을 섞는 방식 모두 바카라의 그림이 같은 것이 나오는 경우는 무한히 0에 가깝다.

4. 8덱 바카라를 시뮬레이션 해보면

　4,998,398,275,503,360회를 했더니

　2,292,252,566,497,888 뱅커 승리

　2,230,518,282,592,256 플레이어 승리

475,675,426,473,216 타이가 나왔다고 한다(뱅커승리 시 커미션 5%).

뱅커	백분율	지불(pay off)	분담
승리	45.8597%	0.95	43.5667
패배	44.6247	−1	−45.8587
타이	9.5156	0	0.0000%
	100.0000%	엣지	−1.0580%

플레이어	백분율	지불	분담
승리	44.6247%	1	44.6247
패배	45.8597	-1	-44.6247
타이	9.5156	0	0.0000
	100.0000%	엣지	-1.2350%

그래서 어떤 영어책에는 잘 모르면 뱅커에 베팅하라. 타이에는 베팅하지 말라고 쓰여 있는 것이지만 어디 까지나 선택사항.

바카라의 엣지(Edge)

8deck
- 뱅커 1.06%
- 플레이어 1.24%
- 타이 14.36%

6deck
- 뱅커 1.06%
- 플레이어 1.24%
- 타이 14.44%

5. 두 장의 카드 숫자가 합쳐져서 이루어지는 것은 바카라의 중요한 관심사이다.

예를 들어서 0+0, 1+9, 2+8,-- 합이 0이 되는 경우

0+1, 2+9, 3+8 - 합이 1이 되는 경우

---------- 합이 9가 되는 경우를

모두 나열하여 계산하여 보면,

합이 0 이 되는 것은 25조합이 있으며 14.8% 가 된다.

0부터 9까지 모두 표로 나타내면 다음과 같다.

합	조합	백분율
0 이 되는 경우	25	14.8%
1	16	9.5
2	16	9.5
3	16	9.5
4	16	9.5
5	16	9.5
6	16	9.5
7	16	9.5
8	16	9.5
9	16	9.5
	169	100%

0이 많이 나오는 것은 두 장의 합에서 10, J, Q, K 모두
0으로 치기 때문이다.

6. 내츄럴 8과 9에 관한 숫자;

처음 두 장의 합이 내츄럴(8이나 9)이여서 이길 확률
16.25%

처음 두 장의 합이 내츄럴(8이나 9)인데 비길 확률 1.79%

내츄럴 8인데 9를 만나 질 확률 0.90%

내츄럴이 아니어서 8이나 9에 질 확률 15.35%

둘 다 내츄럴이 아닐 확률 65.72%

7. Non-natural 4 Card hands

플레이어 ●	뱅커 ●	승리	찬스
7	7	타이 ●	0.90%
7	6	●	0.90%
6	7	●	0.90%
6	6	타이 ●	0.90%
			3.59%

8. 6번에서 내츄럴이 34.28%

7번에서 네 장의 카드승부 3.59% 이것의 합이 37.87% 이므로 5번째 카드가 주어지는 경우가 62.13%가 된다.

5번째 카드를 보면

플레이어	플레이어 승리	타이	뱅커 승리	합계
7	70.63%	17.57%	11.79%	100.00
6	53.06	17.57	29.37	100.00
5	44.23	12.78	42.99	100.00
4	39.83	12.09	48.08	100.00
3	37.50	10.02	52.48	100.00
2	35.86	9.33	54.81	100.00
1	34.92	8.64	56.45	100.00

9. 3번에서 볼 수 있듯이 타이를 제외하면 바카라의 카지노 어드밴티지(우세율)는 낮다고 볼 수 있다. (단 카지노에서 정확하게 설정시) 미국의 경우

카지노 하우스 어드밴티지와 예상 손실(Casino house advantage and Expected Loss)

	카지노 어드밴티지	100$ 베팅시 플레이어 손실
Baccarat		
Player/Banker	1.1%-1.2%	$1.10-1.20
Tie	14.4%	$14.40

Black Jack		
Natural pays 3 to 2	0.5%–1.5%	50c –$1.50
Natural pays 6 to 5	2.0%–3.0%	$2.00–$3.00
Craps		
Pass/Don't Pass	1.4%	$1.40
Prop Bets	10% – 16.7%	$10 – $16.70
Keno & Sports		
Keno 1–15 Spots	25%–30%	$25 – $30
Viedeo Keno	8% – 15%	$8 – $15
Sportsbetting (bet11$ win10$)	4.5%	$4.50
Reels		
Penny Slots	8% –12%	$8 –$12
Nickel Slots	6% –12%	$6 –$12
Quarter Slots	5% –10%	$5 –$10
Dollar Slots	2.5%–6%	$2.50–$6
Roulette		
Single Zero	2.7%	$2.70
Double Zero	5.3%	$5.30
Viedeo Poker		
Viedeo Poker	0.5% –5%	50c –$5

10. 아미르 D.악젤의 승리할 확률의 법칙

T 는 $1- (q/p)^n / 1-(q/p)^{n+i}$

T 목표액 벌어 드릴 확률

n 시드머니 $n+i$ 목표로 삼은 돈

q 1회 베팅시 잃을 확률 p 1회 베팅시 이길 확률

11. 카드 카운팅(믿거나 말거나)

게임하며 카드가 빠져나가는 것을 헤아려 A~5 는 -1

6~8 노 카운트하고 9,10,J,Q,K는 +1

나올 때마다 카운팅하여 (−)가 높아지면 A~5 가 많이 빠진 것으로 뱅커 ●가 유리

반면에 (+)가 높아지면 낮은 카드가 많은 것으로 플레이어 ●가 유리

이것은 Henry Tamburin(카지노게임에 관한 책, 'The Best of best'의 저자) 이론으로

2,3,4,5 카드는 플레이어 측에 유리하고 8,9,10카드는 뱅커에 유리한 카드

1,6,7은 양쪽 모두 비등

4,3,2,5순으로 플레이어에게 유리

9,8,10순으로 뱅커에 유리

12. 룰렛의 기댓값(미국식 곧 0,00 이 있는경우)

예를 들어 아웃사이드(Red,Black)에 베팅할 경우

당첨 시 배율은 2배, 확률은 18/38 기댓값 18/38×2 곧
94.7%

이런 식으로 계산하면

베팅종류	베팅설명	시상배율	확률	기댓값(%)
스트레이트 업	숫자 하나	36배	1/38	94.7
스플릿	숫자 두개	18배	2/38	94.7
코너 벳	숫자 네개	9배	4/38	94.7
퍼스트 파이브	0,00,1,2,3	7배	5/38	92.1
식스 웨이	숫자 여섯개	6배	6/38	94.7
컬럼 벳	숫자 12개	3배	12/38	94.7
더즌 벳	숫자 12개	3배	12/38	94.7
하이로우벳	전반, 후반	2배	18/38	94.7
컬러 벳	레드,블랙	2배	18/38	94.7
짝,홀수벳	EVEN,ODD	2배	18/38	94.7
스트리트벳	0,00,2	12배	3/38	94.7

13. 흰 공 60개, 검은 공 40개 가 들어있는 주머니 A와 흰 공 99개, 검은 공 1개의 주머니 B에서 A에서 흰 공을 꺼내면 10만 원, B에서 흰 공 꺼내면 오만 원을 준다고 하고 검은 공은 돈을 못 받는다면, 우리는 어느 주머니를 택할까? (박종하, 『수학 생각의 기술』)

누구나 B를 택하겠지만,

기댓값은 A는 $10 \times 60/100$으로 6만 원이고 B는 $5 \times 99/100$은 5만 원에 가깝다.

이렇게 우리는 모호한 선택을 하게 된다.

14. 고등학교 수학 수준의 확률 정도면 충분하다.

바카라를 한다.

시행 횟수(n)	100	200	300	400	500	1,000
플레이어 이김(r)	53	113	186	242	301	599
상대도수(r /n)	0.53	0.565	0.62	0.605	0.608	0.59

플레이어가 이길 확률 P(A)는 0.6 통계적확률

15. 카지노 다이사이에서 생각해볼 수 있는 확률이론(홍성대, 『수학의 정석』 참고)

서로 다른 주사위를 동시에 던질 때 눈의 합이 4이상일 확률은?

서로 다른 주사위 모든 경우는 6×6에서 36

눈의 합이 4이상을 A라고 하면 눈의 합이 2,3인 것은 (1,1) (1,2)(2,1) 세 가지 곧 1/12

P(A) 는 1-1/12이다 여사건

17. 로또복권의 확률은?

일본의 경우 1~43이지만 우리나라는 1~45에서 숫자 여섯 개 선택

조합의 개념 필요하다.

서로 다른 n개 선택 중 순서 상관없이 r개를 뽑아 조를 만드는 것

nCr = n×(n-1)×(n-2)×--- (n-r+1) / r×(r-1)×(r-2)×---×2×1

2020년 3월 7일 1등 당첨번호는

5 18 20 23 30 34 의 여섯 숫자 조합의 총수는

45C6 = 45×44×43×42×41×40/ 6×5×4×3×2×1

= 8,145,060

곧 당첨확률은 약 800백만분의 일

복권을 사야할까?

2018년 벼락 316,679회(기상청) 벼락을 맞은 사람은 4사람(2명 사망)

심플하게 얘기하면 복권 1등 당첨보다 벼락 맞을 확률이 100배 크다.

반면에 미국이 로또, 메가밀리언 복권은 이월된 경우 1조를 넘는 상금이었지만 잭팟 당첨확률은 3억분의 1을 상회한다.

부록 2. 라스베가스 카지노에서 쓰는 영어(용어)

게임을 하러 카지노로 들어 갈 때부터 나올 때까지 쓰게 되는 혹은 알아두면 편할 용어들이다.

일반적인 회화들은 생략하지만 바카라나 기타 게임시에 플레이어들이 쓰는 속어도 포함했다.

카지노(Casino)로 들어서면 처음인 경우 리워즈(Rewards, 보상, 포인트 적립)카드를 만드는데 어느 곳이든 그런 사무실 눈에 띠게 있으며 여권이나 면허증같은 아이디(ID, Identity, 신분증)을 주고 서류에 주소등을 기입하고 플라스틱카드를 받는데 보통 플레이어 카드(Player card) 라하며 테이블게임에서는 카지노의 손님관리 목적으로 그것을 요구하고 고유번호와 이름이 적혀있어 손님의 모든 정보를 알 수 있게 되어있다.

게임하는 규모나 이력에 따라 플래티티늄이다 골드나 다이아몬드등 여러 가지 등급과 색깔로 구분되기도 한다. 엠지엠 같은 경우 블랙(Black)가 등급이 높다.

그 카드는 알에프비 컴프(RFB Comp, Room, Food, Beverage, 숙식 음료 무료제공의 서비스)의 사용에도 쓰인다.

컴프는 컴플멘터리(Complimentary, 무료 혹은 칭찬의 뜻)의 약자로 자동차서비스나 하이롤러(High Roller, 큰 돈을 걸고 게임하는 큰 손님)에게는 심지어 일등석 비행기 티켓까지 제공한다.

테이블로 가면 미니멈 벳(Minimum Bet, 최소로 베팅할 수 있는 금액)을 살펴 자리를 고를 것인데 보통 주중에는 100~200불이 보통이다. 그리고 최대한 베팅할 수 있는 금액을 맥시멈 벳(Maximum Bet)이라 하며 그런 것들은 베팅 리미트 사인(Betting Limit Sign, 베팅금액의 한

도를 적은 표지판)이라는 동판 같은데 적혀있기도 하고 어떤 곳은 모니터에서 보여주는 곳도 있다. 아울러 슈(Shoe, 구두같이 생긴 카드넣는 통을 슈라 불러서 유래되었다.) 가 괜찮은지 살펴본다.

그리고 테이블에 앉아서 돈을 주고 칩(Chip)을 받는다.

이것을 바이 인(Buy in)이라 부르고 상대적인 용어로 케시 인(Cash in, 칩을 주고 현금을 받는 것)이 있다.

칩은 금액에 따라서 여러 종류가 있는데 백 불짜리는 주로 검은색이어서 블랙(Black)칩이라 부른다.

오백불짜리는 퍼플(Purple, 자주색)칩이라 부른다.

천 불짜리는 오렌지(Orange)칩이라 부른다.

$25 짜리 칩은 초록색이 보통이어서 그린(Green)칩이라 부른다.

$5 짜리 칩은 붉은색이 보통이어서 레드(Red)칩이라 부른다.

$1 짜리 칩은 실버(Silver)라 부르는데 적게 벳(Bet)하는 로칼 카지노(Local casino, 지역에 있는 작은 카지노)

에서 주로 쓰이는데 노란색인 곳도 있다.

테이블에 앉으면 카드를 나눠주며 게임을 진행하는 딜러(Dealer)가 있다.

딜러는 보통 8시간을 근무하는데 그 시간을 시프트(Shift)하는데 아침, 낮, 한밤이 있으며 한밤에 근무하는 것을 그레이부스(Graves, 원뜻은 무덤)시프트라고 하기도 한다.

그 옆이나 뒤에서 플로워(Floor, 초급간부)가 게임을 감독하며 지켜본다.

딜러와 플로워를 총괄 감독하는 사람으로 핏보스(Pit Boss, 중간간부)가 있다.

플로어 이상의 간부들을 슈퍼바이저(Supervisior)라 한다.

핏보스보다 높은 사람이 시푸트매니저(Shift Manager)로 각 시푸트의 책임자이다.

그 외에 음료나 술등을 가져다 준다 든지 서비스하는 사람을 칵테일(Cocktail)이라 부르는데 남자도 있지만 보통 여자 종업원이다. 보통 서비스의 댓가로 팁(Tip)을 주는데 저액지폐 혹은 칩으로 주기도 한다.

종업원이나 행운이 있을 때에도 딜러에게 팁을 주지 않는 사람을 스티프(Stiff, 뻣뻣한)플레이어라 부른다.

이제 딜러가 게임을 시작하려한다.

딜러가 카드를 오픈하는 미니 테이블에서는 재사용하는 경우도 있는데 썼던 카드를 기계로 섞어서 쓰지만(이것을 머신셔플, Machine shuffle라고 한다.) 새 카드를 가져온다.

52장으로 된 카드 한 조를 덱(Deck, 카드의 한 묶음)이라고 하는데 라스베가스 카지노에는 멀티 덱(Multi Deck, 여러 조의 카드)으로 8 덱이다.

딜러는 카드를 섞기 전에 이상 유무를 검사하기 위해 부채꼴 모양으로 펼쳐서 보이는데 이것을 카드 쇼잉(Card showing)이라고 한다.

그리고 나서 카드를 대충 나누어 섞는데 스트립(Strip)이라고 한다.

그리고 익숙한 솜씨로 섞는데 이것을 셔플(Shuffle)이라고 하며 죽 펴놓고 섞는 것을 워싱(Washing)이라고 한다.

딜러가 카드를 슈케이스(Shoe Case, 카드 담는 통)에서 첫 카드를 꺼내기 전에 벳을 해야하는데 칩을 걸지 않고 추세를 보기위해 그냥돌리라고 하려면 프리 플리스(Free Please)하면 된다. 그것은 프리 게임(Free Game)이다.

카드의 앞면에 쓰여진 카드의 값은 페이스 밸류(Face value)라고 하는데 바카라에서는 10, J,Q,K를 0으로 계산하나 블랙잭에서는 에이스(Ace)는 1,또는 11로 10,J,Q,K를 10으로 계산한다.

1,2,3을 노우사이드(No side), 4,5를 투사이드(Two side), 6,7,8을 쓰리사이드(Three side)라 하며 중국인들은 양비엔, 삼비엔하고 외칠 것이다.

9,10 은 물론 포우사이드(Four side)이며 카드 중에 얼굴이 그려져 있는 J,Q,K를 페이스 카드(Face Card)라 하는데 9를 오픈해놓고 그것이 나오길 바라며 픽쳐(Ficture)

를 외친다. 그보다는 미국에서는 몽키(Monkey, 원숭이)라고 보통 주문한다.

7을 8로 이겼을 때 곧 한 끗 차이로 이겼을 때 바비큐(Babecue)라고 부른다.

카드를 쪼으면서 오픈하기도 하고 덮어두기도 하며 딜러에게 한 장씩 오픈하라고 하기도 하며 게임을 즐기게 된다.

단순히 오픈(Open)이라고 해도 되고 카드가 보이도록 오픈해두는 것을 페이스업(Face Up)이라고 하며 보이지 않게 덮어두는 것을 페이스다운(Face Down)이라 한다.

많이 걸어 기분 좋게 이기거나 사이드벳(타이, 페어등) 성공 시에 딜러에게 팁을 준다.

팁으로 준 칩을 딜러는 넣어두는 통인 토커박스(Toke Box, Toke는 팁을 의미)에 넣는다.

우리가 칩을 사느라 준 현금을 넣는 통을 드롭박스(Drop Box)라고 한다.

테이블 옆에는 사용했던 카드를 넣어두는 플라스틱 케

이스도 있는데 그것을 디스카드 렉(Discard Rack)이라고 부른다.

그 옆에 머니츄레이(Money tray)라는 통에는 칩이 정렬하여 놓여있다.

그 통을 칩스트레이(Chips Tray)혹은 칩스랩(Chips Rack)이라 부르기도 한다.

간혹 딜러는 칩들을 색깔별로 정리하는데 그것을 어레인지(Arrange)라고 한다.

간혹 카지노 직원이 시큐리티(Security)라는 치안요원과 같이 와서 칩을 공급 하기도하고 현금통을 가져가기도 할 것이다.

딜러가 실수로 이긴 나의 칩을 가져갔다. 항의했더니 지불하면 될 거 아니냐 라고 말한다. 그도 실수할 수 있을 것이다.

이긴 것을 지불하는 것을 페이아웃(Pay Out)이라고 하는데 페이옾(Pay Off)도 같은 뜻이다.

승승장구 따고 있는 손님을 핫플레이어(Hot Player)라 한다.

돈을 따고 일어서야 되겠다 생각되면 끝내겠다고 말하면 된다. 단(Done, 이루어지다 뜻)이라고 말하면 될 것이다. 플로어가 얼마의 칩을 가지고 있는지 헤아릴 것이다.

그것을 가지고 케셔케이지(Cashier's Cage)로 가면 플레이어카드를 요구하며 디파짓(Depasit, 보관) 혹은 케샤웃(Cash Out, 현금으로 받음)을 물어볼 것이며 무슨 게임, 어디서 등도 물어 볼 수 있다.

거의 알면서 물어보는 수준이므로 바카라이며 저기서 했다(손가락 짓도 충분)정도해서 기다리면 될 것이다.

딴 돈을 받고 곧 케시인(Cash In, 칩을 주고 현금을 받는 것)을 하고 나서 레스트룸(Rest Room, 화장실)에 가서 손을 씻고 나온다.

여러 생각이 들지도 모른다.

칩이 줄었다가 불었다가 그래도 콧노래가 나온다.

참 별 별 일이 많았었다는 미국식 영어표현을 해보면 잇즈빈 롤러코스터라이드(It's been a roller coaster ride).

부록 3. 도스토옙스키와 도박

2019년 여름 유럽도 더웠다.

딸을 만나러 독일에 갔다가 비스바덴에 들렸었다.

프랑크푸르트에서 열차를 타면 30분 거리, 로마군단기지가 있었던

마인츠를 스치면서 닿는 곳이다.

온천으로 유명하여 도시 전체가 휴양지분위기의 편안한 느낌을 주는 곳이었다.

카지노와 극장(피아니스트 조성진의 포스터가 붙어있던)인 쿠어하우스(Kurhaus)에 들렸다.

발상지 유럽에서도 두 번째, 일찍 생긴 카지노 쿠어하우스는 바로크양식의 기둥을 가진 건물로 웅장하고 멋있었

Dostoevski in Wieswaden. pencil on paper. 125x190cm. 2019

는데 그 동쪽 뜰의 큰 나무 옆에 인상 쓰고 있는 남자의 두상이 있었다.

'죄와 벌' '카라마조프의 형제들'로 유명한 세계적인 대문호 도스토옙스키.

1863년 그가 러시아를 떠나 프랑스로 가다가 이곳 카지노에 들려 룰렛으로 거액의 돈을 딴 것이 불운이었다. 도박에 중독되어 끊임없이 쪼들리고 사랑도 놓치는 불행한 삶을 살게 된다.

그가 지인들에게 돈을 빌려달라고 쓴 편지는 셀 수도 없이 많았다. (오늘날이라면 핸드폰을 썼을 것이다.) 도박이란 그런 것이다.

남에게 폐를 끼치며 정상적인 삶을 포기하게 만든다.

도박을 마약에 비유하는 사람들도 많다. 처음부터 카지노를 그중에서도 바카라를 접하지 않는 게 최고이다.

도박을 하거나 약간의 행운이 있어도 그것을 벗어나 탈출하는 것만이 바카라에서 살아남는 것이며 최고의 정복하는 비결일 것이다.